WAS TUN!?

„ÜBERSCHULDET

Hilfen zur Selbsthilfe"

66 Schulden können sich nur Reiche leisten. 99

© Kurt Haberstich
(*1948), Schweizer Buchautor und Aphoristiker

Autor

Ich kann von Glück sagen, dass es mir in meinem Leben immer gut gegangen ist. Nun möchte ich gern etwas zurückgeben an Menschen, denen nicht so viel Gutes widerfahren ist.

35 Jahre lang war ich in leitender Position eines Großunternehmens mit Personalverantwortung für 1500 Menschen tätig. Für mich gibt es nichts Schöneres als mit Menschen zu arbeiten, sie zu führen, zu motivieren und mit Ihnen zusammen eine gute Arbeit zu verrichten. Ich stellte neue Kollegen ein, war für ihre Förderung und Weiterbildung mitverantwortlich. Dies machte mir immer große Freude. Doch meine Arbeit hatte auch weniger schöne Seiten. Denn ich musste auch Menschen entlassen und ihnen möglichst andere Perspektiven aufzeigen. Mir war schmerzlich bewusst, dass eine Entlassung bei den Betroffenen Existenzängste auslöst. Schlimmstenfalls kann ein Jobverlust sogar zur Verschuldung oder gar Überschuldung führen. Hier habe ich viel Negatives mitbekommen.

Deshalb habe ich, nachdem ich in Rente gegangen bin, die Seiten gewechselt. Ich machte ein Studium zum zertifizierten Schuldnerberater. Außer meiner Motivation, etwas Gutes zurückgeben zu wollen, stellte ich mir die Frage: Was kannst du gut? Dabei kam mir der Gedanke: Mit Geld umgehen.

Schon lange arbeite ich für mich selbst mit Konzepten für die Haushalts- und Geldplanung. Diese bewährten Listen und das Wissen aus meinem Studium habe ich für diesen Ratgeber miteinander kombiniert. Damit möchte

ich meinen Lesern dabei helfen, mit ihren Schulden zurechtzukommen. Ich zeige ihnen einen Weg auf, wie sie aus der Überschuldung herauskommen. Dabei helfen Hilfsmittel wie Musterbriefe für die Schufa, die Bank oder den Stromlieferanten. Außerdem erfahren Sie, wie Sie langfristig schuldenfrei bleiben.

Mit dem Willen, etwas verändern zu wollen, schaffen auch Sie es, aus den Schulden herauszukommen. Ich freue mich, dass Sie den Mut haben, Ihre Schulden anzugehen. Wenn Sie bereit sind, sich selbst zu helfen, unterstützt Sie dieser Ratgeber dabei. Auch Ihre Familie und Ihr Partner wird es Ihnen danken, dass Sie die Initiative übernehmen.

Ich wünsche Ihnen,
dass Sie schon bald sagen können:
Ich bin aus der Überschuldung herausgekommen!

Auf der Website

www.inops-solutions.de

erhalten Sie weitergehende Informationen zum Thema Überschuldung – etwa in Form von Videos und aktuellen Artikeln – sowie ein Angebot an Hilfsmitteln. Diese Angebote sollen Sie dabei unterstützen, die Überschuldung möglichst schnell in den Griff zu bekommen. Auch weitere E-Books der Reihe „WASTUN!?" zu den Themen Verschuldung, Zahlungsunfähigkeit und Vorsorge Ihrer Altersicherung sind dort erhältlich.

Im E-Book „Verschuldung" erfahren Sie wichtige Grundlagen und können sich kurzfristige, mittelfristige und langfristige Lösungswege erarbeiten, um alleine aus den Schulden herauszukommen.

Dieses Buch ist eine notwendige Voraussetzung, denn darin lernen Sie, wie Sie die relevanten Themen systematisch erarbeiten, umsetzen und kontrollieren können.

In diesem E-Book zum Thema Überschuldung geht es jetzt einen Schritt weiter. Denn wenn Sie überschuldet sind, können Sie bestimmte Themen nicht mehr allein und ganz von selbst lösen. Stattdessen sind Sie auf die Mithilfe Ihrer Gläubiger – etwa Banken oder andere Kreditgeber wie Kaufhäuser – angewiesen. Doch die gute Nachricht ist: Wenn Sie aktiv werden und sich an Ihre Gläubiger wenden, zeigen Sie Ihren guten Willen und können auf Verständnis sowie einen positiven Ausgang hoffen.

Ich wünsche Ihnen viel Erfolg.
Auch Sie schaffen den Weg zur Schuldenfreiheit!

Heinrich Martin Thiel
März 2017

Bibliografische Information der Deutschen Nationalbibliothek:
Die Deutsche Nationalbibliothek verzeichnet diese Publikation
in der Deutschen Nationalbibliografie; detaillierte bibliografische Daten sind
im Internet über dnb.dnb.de abrufbar.

© 2017 , Heinrich Martin Thiel
Herstellung und Verlag:
BoD – Books on Demand, Norderstedt

ISBN: 978-3-7448-2073-8

INHALT

Einführung

Sie haben mehrere Kreditverträge abgeschlossen und den Überblick darüber verloren, wann welche Zahlungen fällig sind? Sie erhalten Mahnungen, die Sie vielleicht gar nicht mehr alle öffnen? Sie stehen kurz vor der Pfändung, oder Ihr Stromanbieter droht damit, den Strom abzudrehen? Sie wissen, dass Sie etwas ändern sollten – aber nicht, was und wie? Sie trauen sich nicht, zu einer Schuldnerberatung zu gehen?

Dann ist dieser Ratgeber genau richtig für Sie! Er hilft Ihnen, an Ihrer Überschuldung etwas zu ändern. Wenn Sie Ihre finanzielle Situation in den Griff bekommen wollen, können Sie das schaffen – mit dem richtigen Wissen und passenden Lösungsvorschlägen für Ihre Situation.

Sie erfahren Grundsätzliches zur Überschuldung und zu den Gründen, wie es zu einer Überschuldung kommen kann. Das können unter anderem sein: übermäßiger Konsum, Scheidung oder Arbeitslosigkeit. Außerdem erhalten Sie wichtige rechtliche Informationen.
Alle Schritte auf dem Weg zur Schuldenfreiheit sind einfach nachzuvollziehen und leicht in die Praxis umzusetzen.

Sie werden sehen:
Sie sind Ihrer Situation nicht hilflos ausgeliefert, sondern Sie können etwas tun – jederzeit!

Wichtig ist, dass Sie mit allen Firmen und Institutionen, mit denen Sie zu tun haben, in Kontakt kommen und bleiben. Wie genau das gehen kann, erfahren Sie in diesem E-Book.

Die Musterbriefe, etwa für Bank, Kreditgeber oder Stromlieferant, unterstützen Sie zusätzlich dabei, Ihre finanzielle Lage zu sortieren und langfristig zu verbessern.

Der Ratgeber ist geeignet für Singles, Paare, Familien, Berufstätige und Rentner, die an ihrer Situation etwas ändern wollen und die daran glauben, dass sie dies aus eigener Kraft schaffen können.

INOPS Solutions bietet Hilfestellungen zur Lösung von Problemen verschiedenster Art. Diesen Ansatz kann jeder verfolgen und damit Probleme wie die Überschuldung durch konsequentes und systematisches Handeln selbst lösen. Der Ratgeber ist geeignet für Singles, Paare, Familien, Berufstätige und Rentner, die an ihrer Situation etwas ändern wollen und die daran glauben, dass sie dies aus eigener Kraft schaffen können.

Der Lösungsweg von INOPS-Solutions beinhaltet sechs Schritte:

1. Analyse des IST-Zustands: Verschaffen Sie sich einen Überblick und die nötige Klarheit.
2. Mit Hilfe der neu gewonnenen Klarheit: Suchen Sie nach gezielten Lösungswegen. Analysieren Sie systematisch die Themen.
3. Legen Sie Maßnahmen fest, um den gewünschten SOLL-Zustand zu erreichen.Setzen Sie die vereinbarten Maßnahmen um, und bleiben Sie dabei beharrlich.
4. Treffen Sie bewusst die Entscheidung, diese Maßnahmen konsequent umzusetzen. Beginnen Sie mit den einfachen Themen, die schnell umsetzbar sind und zu schnellen Erfolgen führen (kurzfristige Maßnahmen).
5. Setzen Sie die vereinbarten Maßnahmen kontrolliert und konsequent um.Arbeiten Sie danach an grundsätzlichen Themen, die die Veränderungen sicherstellen (langfristige Maßnahmen).
6. Erreichen Sie den gewünschten SOLL-Zustand.

WAS TUN!?

Wie kann es überhaupt zur Überschuldung kommen? Die Grundlagen wurden vielleicht bereits in Ihrer Kindheit gelegt: Schon Ihre Eltern haben Ihnen – direkt oder indirekt – gezeigt, wie man mit Geld umgeht – oder auch, wie besser nicht. Es kann sein, dass diese Erfahrungen Sie tiefgreifend und unterbewusst prägen – bis heute.

Jedoch: Es ist nie zu spät, die eigene Sichtweise und Einstellung zu ändern! Dass Sie zur Erkenntnis gekommen sind, dass etwas getan werden muss, ist schon der erste Schritt, den Sie bereits getan haben. Nun gilt es, Ihren Umgang mit Geld weiter zu reflektieren und daraus die nächsten nötigen Schritte abzuleiten.

Der Leitgedanke :
Ich kann nicht mehr Geld ausgeben als ich einnehme.

ist das Grundprinzip der Selbsthilfe.

Seien Sie ein Vorbild für andere,
nicht zuletzt für Ihre eigenen Kinder.

Nehmen Sie Ihre Zukunft in die Hand, und leben Sie Grundweisheiten vor:

- Für eine positive Lebensgestaltung ist jeder selbst verantwortlich.
- Jeder kann sich in jeder Lebenslage selbst helfen.
- Disziplin und Willensstärke lösen Probleme.
- Es lässt sich über alles reden.
- Reden löst Probleme.
- Probleme zu verdrängen vervielfacht die ungelösten Probleme nur.
- Jeder ist seines Glückes Schmied.

Bezogen auf Verschuldung ergeben sich ergänzende Kernaussagen:

- Klarheit ist der Schlüssel zu Veränderungen.
- Nichts schön reden, sondern realistisch einschätzen.
- Jeden Euro zweimal umdrehen, bevor man ihn ausgibt.
- Positiv, aber realistisch denken und handeln.
- In der Familie oder Lebensgemeinschaft ein positiver, aber auch realistischer Meinungsbildner sein.
- Lieber einmal mehr NEIN sagen als einmal zu viel JA.
- Freunden, die es offensichtlich ehrlich und gut mit einem meinen, offen begegnen.
- Aber auch falscher, möglicherweise gut gemeinter Rat, kann verheerende Folgen haben.
- Vertrauen muss man sich erarbeiten durch Vorleben.

WAS TUN!?

Wichtig ist das Fundament
der eigenen Familie oder Lebensgemeinschaft.

- Die Familie ist der Herd von Offenheit und gegenseitigem Vertrauen.
- Kinder verdienen Vertrauen.
- Die Familie ist der Pool von Lösungs- möglichkeiten für Probleme.

Wenn Sie dies berücksichtigen, werden Sie Ihren Partner und ggf. Ihre Familie davon überzeugen, gemeinsam den Weg zu gehen – mit dem Ziel, ein Leben frei von Überschuldung zu führen.

WAS TUN!?

Verschuldung/Überschuldung

Schulden zu haben ist für die meisten Schuldner keine angenehme Situation. Dies umso mehr, je höher die Schulden sind. Dabei kann es allerdings einen Unterschied machen, ob Schulden aufgenommen wurden, um Sachwerte wie Grundstücke, Haus oder anderes Eigentum zu finanzieren oder ob Schulden aufgenommen wurden, die keine Nachhaltigkeit von Werten darstellen (Autokauf, Kleidung, sonstiger Konsum). Auf diese Unterschiede geht dieses Buch noch genauer ein.

Außerdem gibt es zwei unterschiedliche Themen: Zum einen die Verschuldung, die Thema des E-Books „Verschuldung – Hilfen zur Selbsthilfe – Schritt für Schritt aus der Verschuldung" ist, und zum anderen die Überschuldung, zu der dieses E-Book Hilfen anbietet.

Was unterscheidet die beiden offensichtlich ziemlich ähnlichen Begriffe?

Sie beschreiben unterschiedliche Sachverhalte: Verschuldung bedeutet, dass ein Betroffener, der Schuldner, eine definierte Schuld (Geld) an einen Kreditgeber/Geldgeber zurückzahlen muss. Bei der Verschuldung ist nach wie vor gewährleistet, dass der Schuldner den eigenen Lebensunterhalt bestreiten und seinen Verpflichtungen aus eingegangenen Verschuldungen nachkommen kann, er also regelmäßig Zinsen und Tilgung zahlt.

Demgegenüber ist die Überschuldung ein Zustand, der sich aus der Verschuldung ergibt, wenn entsprechende Zahlungen nicht mehr erwirtschaftet werden können, da die Beiträge zur Rückzahlung zu hoch geworden sind.

Wenn also die monatlichen Raten nicht mehr bedient werden können und das Vermögen des Schuldners die bestehenden Verbindlichkeiten (also Raten und Tilgung) nicht mehr decken kann, ist er überschuldet. Ursache ist meist, dass der Schuldner mehr Zahlungsverpflichtungen eingegangen ist als er zurückzahlen kann.

Wenn der Schuldner in einer solchen Situation nicht konsequent und systematisch reagiert, drohen Mahnverfahren und Zwangsvollstreckung und damit der soziale Abstieg.

Grundsätzliches zum Thema Überschuldung

Die finanzielle Situation von immer mehr Verbrauchern verschlechtert sich. Die Zahl der überschuldeten Haushalte nimmt stark zu.

Es gibt immer mehr Fälle von Überschuldung in Deutschland. Laut der Wirtschaftsauskunftsdatei Creditreform steigt die Anzahl der überschuldeten Verbraucher von Jahr zu Jahr. Es ist davon auszugehen, dass in Deutschland ca. 7 Millionen Deutsche überschuldet sind. Das heißt, fast jeder zehnte Volljährige kann seinen Zahlungsverpflichtungen nicht nachkommen. Hierfür wird häufig der Hang zum **Kauf auf Pump** als Grund genannt.

Offenbar geht den Verbrauchern mehr und mehr das Wissen darum verloren, dass es ein ausgewogenes Verhältnis zwischen Konsum und Verschuldung auf der einen und Einnahmen und nachhaltigem Sparen auf der anderen Seite geben muss. Diese Balance muss eingehalten werden, damit Kredite überhaupt abbezahlt werden können.

Ist diese Balance nachhaltig gestört, kommt es zu einer persönlichen Schuldenkrise und schließlich zur Überschuldung. Bei anhaltender Überschuldung, oft die Folge von übermäßigem Konsum auf Kredit, kann der Schuldner seinen Zahlungsverpflichtungen nicht mehr nachkommen. Dies wiederum zieht vertragsverletzende Konsequenzen nach sich, zum Beispiel Schufa-Einträge oder Bonitätsprobleme.

Überschuldet ist also ein Schuldner, der mehr Geld für Zinsen und Tilgung von Krediten ausgeben müsste als er zur Verfügung hat.

Bemerkenswert ist in diesem Zusammenhang, dass durchschnittlich fast ein Viertel der monatlichen Ausgaben eines Haushalts Wohn- und Wohnnebenkosten sind; Tendenz weiter steigend. Gründe dafür sind die aktuelle Niedrigzinsphase, den daraus finanzierten Bauboom und gleichzeitig die deutliche Verknappung von Wohnraum.

Ein weiterer interessanter Fakt: Weniger Frauen sind in der Kategorie „überschuldet" zu finden als Männer. Es kommen etwa auf jede überschuldete Frau zwei überschuldete Männer. Die Schuldenlast beträgt dabei pro Kopf etwa € 33.000 (Zahl aus dem Jahr 2013). Das ist erheblich und übersteigt das durchschnittliche Jahreseinkommen in Deutschland.

Es gibt allerdings nicht nur persönliche Faktoren, die die Überschuldung beeinflussen. Die Überschuldung steht zudem in direktem Zusammenhang mit der konjunkturellen Situation und dem Arbeitsmarkt. Das bedeutet: Schwächelt entweder die Konjunktur, also bleibt ein Wirtschaftswachstum aus, oder schwächelt der Arbeitsmarkt, nimmt die Arbeitslosenzahl zu, oder gar beides, steigt auch die Anzahl der Überschuldungen. Diese Faktoren verändern sich in wirtschaftlichen Zyklen.

Die steigende Überschuldung geht in der Regel einher mit einem Absinken der Sparrate. Das heißt, dass weniger gespart und mehr auf Pump gekauft wird. Dieses Verhalten hat eine Sogwirkung nach unten. Wenn die wirtschaftlichen Bedingungen dagegen besser sind, sparen die Verbraucher mehr.

Positive wirtschaftliche Entwicklungen wie gute Konjunkturerwartungen und stabile Arbeitsmärkte senken also das Überschuldungsrisiko.

Das Vermögen in Deutschland ist relativ ungleich verteilt

Die Bundesbank ist in einer Studie zu einem überraschenden Ergebnis gekommen: Die Verteilung von Vermögen in den europäischen Staaten ist grundsätzlich gleichmäßig – außer in Deutschland. Hier ist sie ungleichmäßig. Im internationalen Vergleich nimmt Deutschland eine mittlere, innerhalb des Euroraums allerdings die zweithöchste Position bei der Vermögensungleichheit ein. Nach der Jahrtausendwende bzw. seit Mitte der 90er Jahre verstärkte sich die Ungleichheit.

Diese Studie regt zur Frage an:

"Geht es in Deutschland gerecht zu?"

In Deutschland gab es 2015 ca. 40,5 Mio. Haushalte. Das Nettovermögen betrug 24 Billionen 462 Milliarden Euro.

Das Nettovermögen einer Person oder eines Haushalts umfasst zum Beispiel: Geld- und Immobilienvermögen, Betriebsvermögen und Sachvermögen wie wertvolle Gemälde oder teurer Schmuck. Davon werden alle Schulden und Verbindlichkeiten, zum Beispiel Kredite oder Hypotheken, abgezogen.

Nach Zahlen aus dem Jahr 2015 verfügen die vermögendsten 10% der Menschen in Deutschland über mehr als 60 Prozent des gesamten Nettovermögens.

Das Gesamtvermögen ergibt sich aus der Summe aller Vermögenspositionen, die auf der Aktivseite der Bilanz ausgewiesen werden. 2014 besaßen nach verschiedenen Berechnungen der Bundesbank die reichsten 10% der Bevölkerung ab 17 Jahre zwischen 66 und 68% des Gesamtvermögens, die reichsten 0,1% (etwa 70.000 Personen) mit 1 Billion, 627 Milliarden Euro fast ein Viertel des Gesamtvermögens. Die ärmere Hälfte der Bevölkerung (etwa 35 Mio. Personen) besaß mit 103 Milliarden Euro dagegen nur 1,4% des Gesamtvermögens. Das ist weniger als die zehn reichsten Deutschen (113,7 Milliarden). Mehr als zwei Drittel der Bevölkerung hatten 2015 kein oder nur ein geringes Vermögen.

Im Jahr 2014 besaßen 81% der deutschen Haushalte ein eigenes Sachvermögen. Sachvermögen ist die Summe aller wertbeständigen Sachgüter wie Häuser, Grundstücke, Aktien, Gold. Nur 44% dieser Haushalte haben Eigentum zum Selbstbewohnen. Jeder fünfte Haushalt hat zudem sonstigen Immobilienbesitz, etwa eine vermietete Eigentumswohnung.

Da sich diese Zahlen kaum verändern, hat die Niedrigzinsphase noch nicht die durchschlagende Wirkung auf den Immobilienbesitz, obwohl Aktien und Immobilien kräftig an Wert zugelegt haben. Die Deutschen legen ihr Geld immer noch sehr konservativ an, d. h. risikoscheu, und das Sparbuch ist immer noch ihre Lieblingsanlage.

Ein anderer Aspekt ist, dass lediglich die Hälfte der deutschen Haushalte

eine private Rentenversicherung oder kapitalbildende Lebensversicherung abgeschlossen hat.

Das Thema Aktien wird zudem immer noch stiefmütterlich behandelt.

Dies lässt im Allgemeinen den Rückschluss zu, dass diejenigen, die Immobilien und Anlagevermögen besitzen, überproportional von der Niedrigzinsphase der Europäischen Zentralbank (EZB) profitieren.

Das heißt im Umkehrschluss, dass die Schere zwischen den vermögenden Haushalten und den Haushalten, die unter dem rechnerischen Nettovermögen liegen, immer größer wird, wenn die EZB ihre Niedrigzinspolitik weiter verfolgt. Die Gefahren daraus sind klar:

1. Das persönliche Risiko, sich zu überschulden, nimmt zu.

2. Die Möglichkeiten, sich Sachwerte (wie Immobilen) aufzubauen, werden weniger.

3. Es können noch weniger Vorsorgungen für den Ruhestand getroffen werden.

Letztlich ist dies eine ungesunde Entwicklung, die die ungleiche Verteilung des Nettovermögens festschreibt und gleichzeitig dessen Vermehrung bremst. Es ist abzusehen, dass die ungleiche Verteilung von Vermögen auch noch die nächsten Jahre in der politischen Diskussionen präsent sein wird.

WAS TUN!?

11

Ursachen der Überschuldung

Wir haben zurzeit verschiedene wirtschaftliche Phänomene, die relativ einzigartig sind und unser Leben seit 2014 stark beeinflussen.

Zum einen haben wir eine Niedrigzinsphase, die den Leitzins auf NULL Prozent gedrückt hat. Dies hat folgende Auswirkungen:

1. Auf Sparbücher gibt es keine Zinsen mehr.
2. Kredite zum Kauf von Sachwerten wie Haus, Grundstück, Eigentumswohnung sind zu einem Zins von weniger als 2% verfügbar. Dies wird in den nächsten Monaten und Jahren wohl auch so bleiben.
3. Kreditzinsen für den Konsumbereich werden häufig für NULL Prozent Zinsen angeboten. Das heißt, man kauft einen Verbrauchsgegenstand (Auto, Fernseher, Möbel, Kleidung usw.) zu monatlichen Raten und zahlt nur die vereinbarte Tilgung, zum Beispiel monatlich.
4. Dies ist hat zur Folge, dass die Hemmschwelle zum Schuldenmachen sehr niedrig ist. Die Menschen haben, über alle Bevölkerungsschichten hinweg, offenbar „Spaß am Schuldenmachen".

Aber diese Situation ist einmalig und wird sich bei einer Veränderung von wirtschaftlichen Rahmenbedingungen (Konjunkturbelebung, Preisteuerung) sehr schnell wieder umkehren. Steigende Zinsen werden zu Problemen führen – spätestens dann, wenn die Kreditverträge aus dem vereinbarten Zinsfestschreibungszeitraum auslaufen und der Gläubiger (Bank, Kaufhaus etc.) dann höhere Zinsen für den Kredit fordert.

Oder es wird weitere Konjunkturprobleme geben, verbunden mit wieder steigender Arbeitslosigkeit. Dann ist der Kauf auf Pump nicht berechenbar und beschleunigt die Schuldenspirale.

Dieses „Gratiskredit-Gebaren" hat unvorhersehbare Folgen. Dieser Folgen sollte sich jeder bewusst sein, der sich darauf einlässt.

Zum einen verführen diese Gratis-Konsum-Kredite zum Konsum, und es besteht die Gefahr, sich mehr zu erlauben als eigentlich finanziell möglich ist und dabei den Überblick zu verlieren. Zum zweiten sind diese Kredite gar nicht wirklich kostenlos. Es fallen nämlich undurchsichtige Gebühren an, etwa für Bearbeitungen oder Kontoauszüge.

Deshalb der Tipp für Sie:

Falls Sie eine solche „Gratis"-Finanzierung abschließen möchten, lesen Sie vorab das „Kleingedruckte" aufmerksam. Außerdem sollten Sie sich die anfallenden Gebühren genau erläutern lassen und durchrechnen, ob Sie diese zahlen können. Entscheiden Sie sich erst dann bewusst für – oder gegen – die Finanzierung, wenn Sie diese wichtigen Punkte für sich ganz klar haben!

siehe hierzu das Hilfsmittel Kredit-Rechner
aus dem E-Book „Verschuldung"

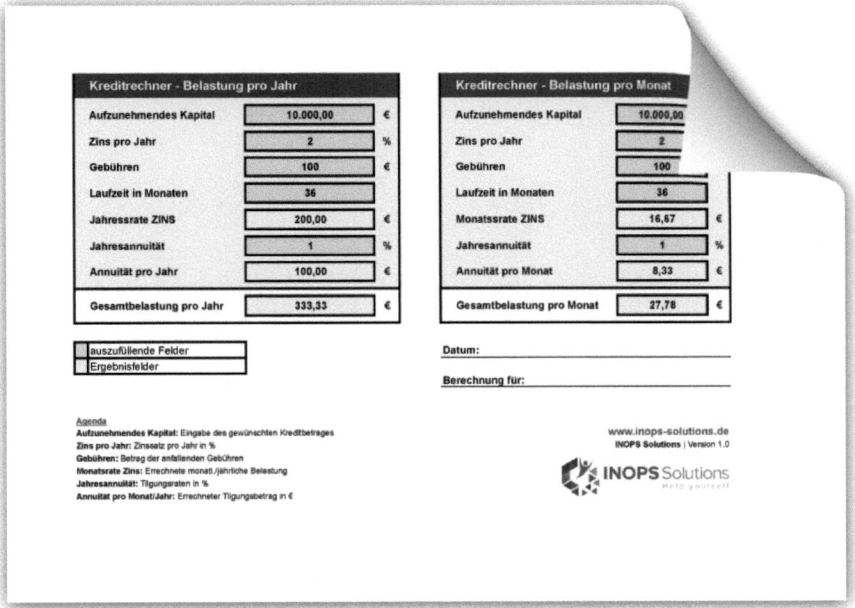

Dieses Hilfsmittel können Sie schnell und einfach über unseren Onlineshop
www.inops-solutions.de kaufen und sofort herunterladen.

WIE KOMMT ES ZUR ÜBERSCHULDUNG?

Überschuldung durch Sachwerte wie Grundstücke oder Immobilien

Wenn es darum geht, Sachwerte wie Grundstücke, Haus oder Eigentums-wohnungen aufzubauen, sollte es eigentlich zu keinen Problemen kommen. Denn in der Regel steigt der Wert dieser Sachwerte über die Jahre. Die Wertsteigerung beschleunigt sich sogar dadurch, dass die jährliche Inflation einen Teil der vereinbarten Zinsen kompensiert.

Außerdem ist der Kauf von Immobilien zukunftsorientiert, denn er kann einen guten Beitrag zur Altersversorgung leisten. Zudem ist die Gelegenheit in der derzeitigen Niedrigzinsphase günstig. Gleichzeitig wird Wohnraum insgesamt knapper, vor allem in attraktiven Wohngegenden wie München, Hamburg oder Berlin, weshalb die Mieten steigen.

Kritisch wird es nur dann, wenn unvorhergesehene Ereignisse eintreten wie Krankheit, Arbeitslosigkeit oder Berufsunfähigkeit. In solchen Fällen fällt das Einkommen, das als sicher galt und das gebraucht wird, um Zinsen und Tilgung zu bedienen, teilweise oder ganz weg.

Zudem wird eine Zinsbindung für solche Kreditgeschäfte in der Regel in Zeiträumen von 5, 10 oder 15 Jahren abgeschlossen. Die Verträge laufen jedoch deutlich länger, und wenn die Zinsbindung ausläuft, muss ein neuer Vertrag mit einer neuen Anschlussfinanzierung geschlossen werden.

Wenn dann die Zinsen steigen und vielleicht gleichzeitig der Kredit zu diesem Zeitpunkt erst zu einem geringen Teil getilgt worden ist, kann eine solche Anschlussfinanzierung den Rahmen des Möglichen sprengen. Schlimmstenfalls muss die Immobilie verkauft werden, da die neue Zinsbelastung nicht mehr finanziert werden kann. Die Zinsen bewegen sich in normalen Zinszyklen zwischen 4 und 7%. Das kann ein Verlustgeschäft sein, denn die Ausgangsbasis für einen Verkauf ist dann nicht die beste.

Aber Achtung: Es kann sich eine Immobilienblase auftun, denn der Wohnraum wird immer knapper, die Zinsen werden auf Sicht niedrig bleiben, die Nachfrage wird somit steigen. Diese Blase kann sehr schnell platzen und Ihr finanziertes Objekt sehr schnell weniger wert werden lassen, wenn durch das Platzen einer Immobilienblase Eigentümer unter Zwang ihre Immobilie verkaufen müssen und dann plötzlich mehr Angebot als Nachfrage besteht.

Diese Zusammenhänge sollten Ihnen bewusst sein. Wenn Sie mit dem Gedanken spielen, sich eine Wohnung oder ein Haus zu kaufen, lassen Sie sich von einem Fachmann Ihres Geldinstitutes oder einem anerkannten Immobilienexperten beraten.

Ein Experte hilft Ihnen auch dabei, den gegenwärtigen und längerfristigen Wert einer Immobilie oder eines Grundstücks zu beurteilen. Zur Wertermittlung gehören Fakten wie Lage/Standort, Substanz des Gebäudes, solventer Bauträger und verwendete Materialien. Außerdem weiß er, ob Förderungen/Kredite durch die staatliche Förderbank KfW (Kreditanstalt für Wiederaufbau) möglich sind und wie ein Förderantrag richtig gestellt wird.

Der Bankfachmann kann Sie jedoch nur wirklich gut beraten, wenn Sie ihm vollständige und korrekte Unterlagen zu Ihrer persönlichen Situation vorlegen. Hierzu finden Sie im ersten Buch weitere Informationen und Hilfsmittel.

Gerade in der derzeitigen Niedrigzinsphase, die auch noch weiter andauern wird, lohnen sich solche Anschaffungen mehr denn je, da sie sehr wertbeständig sind und zudem einen hohen Beitrag zur Altersabsicherung leisten. Den nötigen Kredit vermittelt ein Kreditinstitut wie eine Bank oder Sparkasse.

Berücksichtigen Sie vor der Entscheidung für eine bestimmte Immobilie die folgenden Punkte:

- Attraktivität des Standortes: Lage, Region
- Nachbarschaft
- Infrastruktur wie Ärzte, Schulen, Weg zur Arbeitsstätte, Einkaufsmöglichkeiten
- Bausubstanz
- Renovierungs-/Erneuerungsbedarf
- Zustand des Grundstücks und der Gartenanlage
- versteckte Mängel oder ausstehende Zahlungen für Erschließungskosten oder Ähnliches
- Zusatzkosten für Makler, Grunderwerbssteuer, Finanzierungskosten
- mögliche Fördermittel durch die KfW (Kreditanstalt für Wiederaufbau)

Diese Punkte beziehen sich auf den Kauf einer bestehenden Immobilie. Anders sieht es beim Bau einer Immobilie aus. Hier gibt es andere Gesichtspunkte, die es zu beachten gilt. Hierzu erfahren Sie in einem weiteren Buch der Reihe „WASTUN!?" mehr.

Eine gute Finanzplanung ist die beste Vorbeugung, um eine Überschuldung wegen eines Immobilienkaufs möglichst zu vermeiden.

Deshalb sollten Sie die folgenden Punkte beachten, wenn Sie einen Immobilien- oder Grundstückskauf planen:

1. Rechnen Sie sehr genau, welche Kreditverpflichtungen aus Zins und Annuität Sie sich leisten können. Annuität ist der Anteil an einer vereinbarten monatlichen Rate, der den Kredit tilgt und damit die jeweilige Restschuld verringert. Eine genaue Analyse Ihrer Einkom-

mens- und Ausgabenverhältnisse sowie Ihrer Vermögensverhältnisse ist dazu notwendig. Diese Kenntnis erlaubt es einem guten Berater, einen soliden Finanzplan zu erstellen, der auch dann noch anwendbar ist, wenn etwas Unvorhergesehenes passieren sollte.

2. Denken Sie immer daran, dass nach einer Niedrigzinsphase auch eine Phase mit höheren Zinsen kommen wird. Dies ist in der Regel dann gegeben, wenn Sie eine Anschlussfinanzierung planen/verwirklichen müssen. Wenn zu diesem Zeitpunkt die Zinsen dann doppelt oder dreifach so hoch sind und gleichzeitig der Kredit noch nicht zu einem entsprechenden Anteil getilgt wurde, kann es Schwierigkeiten geben.

3. In Niedrigzinsphasen übersteigt die Nachfrage nach Sachwerten oft das Angebot. Dies hat zur Folge, dass die Preise steigen und ein mögliches Angebot überteuert sein kann.

4. Informieren Sie sich über die Nebenkosten, die Sie leisten müssen; das sind u. a.: Notargebühren für Kaufurkunde und ggf. Grundschuldeintragungen, Gebühren für das Grundbuchamt und für die Grunderwerbssteuer. Sie können hier in etwas mit 10% des Kaufpreises rechnen. Eine genaue Berechnung erhalten Sie in unserem Online-Shop.

 ## Hilfsmittel: Notar- und Grundbuchgebühren

Dieses Hilfsmittel können Sie schnell und einfach über unseren Onlineshop
www.inops-solutions.de kaufen und sofort herunterladen.

Notar- und Grundbuchrechner

| Eingabefelder | Name: |
| Rechenfelder | |

| Fall Nr. 1 | Sie möchten eine Immobilie erwerben und die Notar- ur erfahren bzw Sie möchten nur eine Grundschuld im Gr lassen. |

| Kaufpreis der Immobilie bzw. Protokolleintrages beim Notar | 807.000,00 € |
| Höhe der einzutragenden Grundschuld (Grundbuch wurde vom bisherigen Eigentümer lastenfrei übestellt) | 225.000,00 € |

Neue Gebührensätze ab 01.04.2013 sind berücksichtigt

Berechnung der folgenden Kosten

Tragen Sie "1" ein um das Feld zu aktivieren = zutreffend
Tragen Sie "0" ein um das Feld zu deaktivieren = nicht zutreffend

Notarkosten	Beurkundung eines Grundstückkaufvertrages	3.809,04 €	1
Grundbuch	Eintragung der Auflassungsvormerkung	952,26 €	1
Notarkosten	Grundschuldbestellung mit Vollstreckungsklausel	540,00 €	1
Grundbuchamt	Eintragung der Grundschuld	540,00 €	1
Grundbuchamt	Eintragung des Eigentümers	1.904,52 €	1
Grundbuchamt	Löschung der Auflassungsvormerkung	134,77 €	1
Notarkosten	Betreuungsgebühr für den Kaufvertrag	952,26 €	1
Notarkosten	Betreuungsgebühr für die Grundschuld	270,00 €	1
Notarkosten	Vollzugstätigkeiten	952,26 €	1
Notarkosten	Falls der Kaufpreis über ein Notarkonto abgewickelt werden soll	1.904,52 €	1

Summen	Grundbuchamt (ohne MwSt)	3.531,55 €
	Notarkosten	8.428,06 €
	MwSt. der Notarkosten	1.601,34 €
	Grunderwerbsteuer	40.350,00 €
	Gesamtkosten	**53.910,96 €**

Wer vorab nicht gut genug plant, kann in die Schuldenfalle tappen und schließlich in der Überschuldung landen.

Stecken Sie auch in einer solchen Notlage? Machen Sie Erfahrungen wie die folgenden?

- Sie können Ihren monatlichen finanziellen Verpflichtungen (Zinsen und Tilgung) nicht mehr nachkommen.
- Über einen längeren Zeitraum sind Sie Ihren Verpflichtungen nicht mehr nachgekommen.
- Sie haben deshalb schon Briefe Ihrer Bank erhalten.
- Andere Verpflichtungen, die Sie darüber hinaus eingegangen sind, übersteigen Ihre finanziellen Möglichkeiten noch zusätzlich.

Was tun?

- Ganz wichtig: Seien Sie offen und ehrlich sich selbst gegenüber.
- Verschaffen Sie sich einen Überblick über Ihre Situation, und erstellen Sie einen Gesamtüberblick über Ihre finanzielle Lage.

WAS TUN!?

Wie Sie dies einfach und genau tun können,
erfahren Sie im E-Book

Darin lernen Sie, wie Sie alles Notwendige erledigen können, um sich Ihrer
Situation bewusst zu werden und sich einen Gesamtüberblick über Ihre
finanzielle Lage zu verschaffen. Sie erarbeiten sich Schritt für Schritt die
Unterlagen, die Sie dafür brauchen.

Wenn Sie sich bei der Finanzierung eines Sachwertes über Kredite „verho-
ben" haben, ziehen Sie so früh wie möglich die Reißleine. Vertrauen Sie sich

Ihrem Bankberater an, mit dem Sie die Finanzierung vereinbart und abgeschlossen haben. Mit Ihm können Sie die Möglichkeiten einer Umschuldung, Kreditstreckung, Tilgungsaussetzung oder auch Vorfälligkeitskonditionen zu einer Umschuldung in einen neuen, günstigeren Kredit offen besprechen.

Ihr Berater kennt Sie und weiß um Ihre persönliche Situation. Dieses Vertrauensverhältnis ist für Sie von Vorteil.

Mit den Unterlagen, die Sie erarbeitet haben, gehen Sie zum Berater Ihres Vertrauens und erarbeiten mit ihm einen Lösungsweg – zum Beispiel:

1. Unterstützung der Bank bei Lösungen der Umschuldung, zeitliche Tilgungsaussetzung, zeitliche Kreditstreckung usw.
2. Ihre Maßnahmen, mit denen Sie die Überschuldung grundsätzlich angehen.
3. Kündigung des Kredits bei Abwägung der rechtlichen Möglichkeiten. Hier ist ggf. die Möglichkeit der Vorfälligkeitsentschädigung zu prüfen und der Neuabschluss eines neuen Darlehns zu einem niedrigen Zins.
4. Welchen Mehrwert kann ich zusätzlich leisten?

Bei der Kündigung des Kredits müssen Sie eine so genannte Vorfälligkeitsentschädigung gegenüber der Bank leisten. Die Vorfälligkeitsentschädigung ist ein Betrag, den die Bank errechnet und für einen entgangenen Gewinn erhebt.

WAS TUN!?

Denn wenn ein Kredit vor Ablauf verändert oder gekündigt wird, entstehen der Bank Verluste. Mit der Vorfälligkeit wird dieser Verlust ausgeglichen. Die Höhe dieser Vorfälligkeitsentschädigung, auch Vorfälligkeitszins genannt, richtet sich nach den Vertragsbedingungen Ihres Kreditvertrages, entsprechend der Laufzeit, der geleisteten Tilgung und der noch ausstehenden Zinsen.

Wenn Sie Ihren Kredit kündigen wollen, gehen Sie folgendermaßen vor:

1. Bitten Sie Ihre Bank um eine verständliche Berechnung der Vorfälligkeitszinsen.

2. Überprüfen Sie diese Berechnung auf Vollständigkeit und Richtigkeit – also darauf, ob die Bank zu Ihrem Nachteil bestimmte Berechnungen verändert, vergessen oder ausgelassen hat.

3. Bei Unklarheiten ziehen Sie einen Experten wie einen Fachanwalt oder die Verbraucherzentrale zurate, und lassen Sie das Angebot Ihrer Bank unabhängig untersuchen.

4. Gibt es größere Diskrepanzen, die Sie belegen können, und die Bank reagiert nicht, übergeben Sie diese Angelegenheit einem Fachanwalt. Wenn Sie eine Rechtsschutzversicherung haben, übernimmt diese die Kosten.

Natürlich ist auch möglich, übers Internet (neue) Kredite abzuschließen. Auf den ersten Blick scheinen manche Kredite günstiger. Jedoch bietet das Internet keinen persönlichen Ansprechpartner, der Kreditabschluss ist anonym. Dies „rächt" sich ganz besonders in einer finanziellen Notlage wie der

Überschuldung. Denn jetzt können Sie nicht das anonyme Internet ansprechen, wenn Sie etwas klären wollen oder Hilfe bei der weiteren Finanzierung suchen.

Persönliche Bindungen bilden die beste Basis dafür, auch in einer Notlage Hilfe erwarten zu dürfen.

Bei aller guten Planung und Information kann in der Zukunft Unvorhergesehenes passieren, das sich auf Ihre langfristige Immobilienfinanzierung auswirkt.

UNVORHERSEHBARE EREIGNISSE KÖNNEN SEIN:

- Verlust des Arbeitsplatzes
- Krankheit, Berufsunfähigkeit
- Scheidung
- gescheiterte Selbstständigkeit

Werden Sie mit solch einer Situation konfrontiert, kann es zu einer Überschuldung kommen, wenn Sie nicht rechtzeitig und bewusst nach Auswegen suchen.

Genauso, wie Sie den Rat eines Fachmanns der Bank oder Sparkasse oder eines guten Finanzierungsinstitutes vor dem Immobilienkauf gesucht haben, müssen Sie dann rechtzeitig genau mit diesen Beratern nach vertretbaren Lösungen für Sie suchen.

WAS TUN!?

Lösungen lassen sich immer finden – und das am besten, noch bevor es wegen einem bewussten „Nichtstun" zur Überschuldung kommt.

Dabei ist immer hilfreich, wenn Ihr Berater auf Ihre aussagekräftigen Unterlagen zurückgreifen kann. Diese braucht er zur Beurteilung der Gesamtsituation unbedingt.

Halten Sie solche Unterlagen immer aktuell, und arbeiten Sie wichtige Veränderungen so schnell wie möglich ein.

Die aussagekräftigsten Unterlagen hierzu sind Ihre persönlichen Einnahmen und Ausgaben und die persönliche Bilanz, die sich daraus ergibt, sowie Ihre Vermögensaufstellung.

 siehe entsprechende
Hilfsmittel auf www.inops-solutions.de

Diese Hilfsmittel können Sie schnell und einfach über unseren Onlineshop www.inops-solutions.de kaufen und sofort herunterladen.

HINWEIS:

Treten unvorhersehbare Ereignisse ein, setzen Sie sich schnellstmöglich mit dem Berater Ihres Vertrauens zusammen. Entwickeln Sie mit ihm eine Strategie, dieser besonderen Situation zu begegnen. Dazu benötigen Sie immer Ihre aktuellen Unterlagen. Sie ermöglichen es Außenstehenden, Einblick in Ihre persönlichen Verhältnisse zu erhalten. Diese Gespräche können nicht früh genug erfolgen. Schieben Sie sie deshalb nicht auf die lange Bank! Denn Ihre Situation verschlimmert sich nur weiter, wenn Sie nichts tun.

Überschuldung durch überhöhten Konsum

Fälle von Überschuldung durch unverhältnismäßige Einkäufe haben in den letzten Jahren stetig zugenommen. Ein Leben auf Kredit scheint salonfähig geworden.

Was sind die Gründe dafür?

Im Internet ist eine Bestellung schnell, einfach und anonym getätigt. Dazu erfahren Sie im folgenden Kapitel mehr.

Außerdem gibt es in der derzeitigen Niedrigzinsphase günstige Kreditkonditionen. Deshalb ist die Verlockung, zu null Prozent einen Konsumkredit abzuschließen, sehr groß. Wobei die Kreditnehmer durchaus wissen, was Nullzins und Abtrag bedeutet. Also planen und schließen die Kreditnehmer auch bewusst solche Kreditverträge. Sie wissen, dass zwar keine Zinsen anfallen, sie aber auf jeden Fall die Kreditsumme zurückzahlen müssen. Dies ist nicht zu unterschätzen – besonders, wenn sich mehrere Kredite summieren.

Die Nachfrage nach diesen Krediten ist nicht bevölkerungsspezifisch, sondern verteilt sich auf alle sozialen Schichten. Man könnte meinen, dass alle denken:

„WENN ES NICHTS KOSTET, WARUM NICHT!"

Konsumkredite werden meistens für Unterhaltungselektronik, Möbel und Küchen, Autokäufe und Haushaltsgeräte abgeschlossen. Interessant ist in diesem Zusammenhang, wie die Gesellschaft für Konsumforschung (GfK) durch Verbraucherstudien ermittelt hat, dass die Bereitschaft, einen Kredit abzuschließen, stark steigt und damit in unmittelbarem Zusammenhang zu sehen ist mit dem weiter steigenden Konsum. Doch wenn die meisten Verbraucher bewusst Kreditverträge abschließen, was ist dann das Gefährliche daran?

Wenn die Anschaffungen nötig sind und die Barreserven dafür nicht ausreichen, jedoch der Kauf auf Kredit und die Abzahlung mit monatlichen Raten durch ausreichendes Einkommen gesichert ist, spricht nichts gegen eine solche Finanzierung. Riskant wird es erst, wenn Verbraucher den Überblick verlieren und sich „zu viel erlauben" – also mehr Verträge abschließen und/oder zu hohe Kredite vereinbaren, die sie durch ihr Einkommen nicht zurückzahlen können.

Wenn Sie eine oder mehrere Anschaffungen per Kredit planen, beachten Sie: Der Ratenkredit setzt **NICHT** immer eine Bonitätsprüfung voraus, so dass Sie sehr schnell in Versuchung geraten, das eine oder andere mehr zu kaufen, und das alles auf Kredit.

Diese Art des Einkaufs macht nur dann Sinn, wenn Sie kurzfristig in einem finanziellen Engpass stecken, aber abzusehen ist, dass sich dieser Engpass in den kommenden Monaten auflösen wird, etwa durch Urlaubsgeld, Weihnachtsgeld, eine Sonderzahlung, Auszahlung einer Geldanlage oder Ähnliches.

Sind Sie nicht in der Lage, bar zahlen zu können, und auf Sicht der nächsten Monate wird sich diese Situation auch nicht verbessern, lassen Sie die Finger von Ratenkrediten und ganz besonders von mehreren Kreditangeboten unterschiedlicher Anbieter. Wie bereits erwähnt, werden solche Kredite zu Null-Prozent Zins angeboten. Lediglich eine fest vereinbarte Tilgung über einen definierten Zeitraum wird zurückbezahlt.

Es kommt häufig vor, dass Kreditgeber, etwa von Elektromärkten, Warenhäusern oder Möbelhäusern, die Ihre Daten haben, mit Ihren Banken auf Sie zukommen und Ihnen eine Anschlussfinanzierung oder Zusammenlegung von verschiedenen Finanzierungen anbieten, dies aber dann mit Zinsen und ggf. Bearbeitungsgebühren, usw.

Machen Sie sich frei von der illusorischen Annahme, mit Ratenkrediten könnten Sie einen entgangenen Konsum günstig nachholen und Anschaffungswünsche schnell realisieren. Kauf auf Pump ist nicht der richtige Weg, denn die Schuldenspirale dreht sich dann immer schneller nach unten und wird dabei immer schwerer zu beherrschen.

Seien Sie also vorsichtig, überschätzen Sie nicht Ihre finanziellen Möglichkeiten und lassen Sie sich nicht falsch beraten, bzw. nehmen Sie nicht vermeintlich gut gemeinte fremde Hilfe an.
Seien Sie sich über eins immer im Klaren: Vertrag ist Vertrag – solange dieser Vertrag von zwei geschäftsfähigen Partnern unterschrieben wurde.
In der Regel ist dies so, und eine Ausrede wie „ das habe ich nicht gewusst" zählt leider nicht.

Versäumen Sie auch nie, das Kleingedruckte zu lesen. Wenn Sie etwas nicht verstehen, fragen Sie nach. Sie müssen alles verstanden haben, bevor Sie vertragliche Verpflichtungen eingehen.

Wie immer haben Sie auch bei solchen Vertragsabschlüssen ein 14-tägiges Widerrufsrecht. Wenn Sie zweifeln, ob das, was Sie vereinbart haben, richtig ist, oder nicht sicher sind, etwas „Kleingedrucktes" überlesen haben, machen Sie so schnell wie möglich von diesem Recht Gebrauch und widerrufen Sie

den Vertrag. Informationen, wie genau Sie den Vertrag widerrufen, finden Sie in der Widerrufsbelehrung, die jedem Vertrag beigefügt sein muss.

Deshalb der Tipp für Sie: Lassen Sie sich durch die momentan sehr günstigen Kreditangebote nicht verführen. Seien Sie sich bewusst, dass sich diese auch wieder ändern werden. Außerdem können sich veränderte Lebenssituationen auf Ihre Rückzahlverpflichtungen auswirken.

HINWEIS:

Behalten Sie immer den Überblick über Ihre bereits abgeschlossenen oder zukünftigen Konsumkreditverträge. Die Rückzahlungen müssen immer an Ihre Einkommensverhältnissen angepasst sein. Dabei sollten diese Konsumkredite bestenfalls über Reserven in Ihrer persönlichen Bilanz von Ein- und Ausgaben finanziert werden.

Haben Sie wider Erwartung doch den Überblick verloren und sind Kreditverpflichtungen eingegangen, die Sie nicht bedienen können, denken Sie über eine Umschuldung nach. Lassen Sie sich dafür beraten. Möglich ist zum Beispiel, die monatlichen Raten über einen längeren Zeitraum zu strecken oder mehrere Kredite bei Ihrer Hausbank zusammenzulegen.

Auf alle Fälle ist es wichtig, dass Sie das Problem so früh wie möglich erkennen und dagegen angehen.

Die Hilfsmittel aus dem E-Book „Verschuldung" zu den Themen Bewusstwerdung der Situation und Anhäufung von Schulden bieten Ihnen Unterstützung.

 siehe entsprechende
Hilfsmittel auf www.inops-solutions.de

Diese Hilfsmittel können Sie schnell und einfach über unseren Onlineshop
www.inops-solutions.de kaufen und sofort herunterladen.

Überschuldung durch Internet-Käufe

„Geiz ist geil", „1,2,3 – meins" und ähnliche verlockende Slogans wollen zum
„schnellen Klick" in Internet-Verkaufsportalen verführen. Die persönliche
Ansprache ist ein werbetechnischer Trick, der helfen soll, die Hemmschwelle
zu überwinden. Ständig wird der Verbraucher mit immer neuen und brand-
heißen Angeboten überschüttet. Und im Internet ist sogar noch viel mehr
und viel spezifischere Werbung möglich als „offline". Denn die Suchaktivi-
täten im Internet werden gespeichert und die Werbung an die Suche angepasst. Somit wird der Verbraucher auch noch regelmäßig an seine Wünsche
erinnert.

Selbst der Preis für die gewünschten Artikel wird als immer finanzierbar
angeboten, denn NULL-Prozent-Kredite sind überall verfügbar.

Durch diese Penetranz soll der Verbraucher dazu gebracht werden, doch endlich den „Jetzt kaufen"-Button anzuklicken. Schließlich lässt sich der Verbraucher dazu verführen, mehr zu konsumieren als er sich vorgenommen hatte – oder als es seine persönliche Finanzsituation erlaubt.

Aber Vorsicht: All dies suggeriert, dass der Online-Konsum immer problemlos und immer individuell finanzierbar ist. Die Wahrheit sieht aber für viele anders aus. Wenn auch Sie verschuldet sind und jeden Euro zweimal umdrehen müssen, ist höchste Vorsicht geboten. Denn wenn Sie unkontrolliert bestellen, und das auch noch auf Kredit, wachsen Ihre Schulden, und die Rückzahlverpflichtungen werden unüberschaubar.

Sind Sie in einer Überschuldungssituation und haben Sie die ersten Mahnungen erhalten, möglicherweise hat sogar schon der Gerichtsvollzieher seinen Besuch angekündigt, verschaffen Sie sich als erstes einen Überblick.

Fragen Sie sich und listen Sie auf:

- Welche Verpflichtungen (Kredite etc.) bin ich insgesamt eingegangen?
- Habe ich alle meine Schulden/Verbindlichkeiten aus den Krediten etc. genau und exakt erfasst?
- Bin ich mit einer Teilzahlung bereits in Rückstand?
- Habe ich bereits Mahnungen erhalten?

 siehe entsprechende
Hilfsmittel auf www.inops-solutions.de

Diese Hilfsmittel können Sie schnell und einfach über unseren Onlineshop www.inops-solutions.de kaufen und sofort herunterladen.

Nur so erkennen Sie das Ausmaß Ihrer Einkäufe und die finanziellen Verpflichtungen, die sich daraus ergeben. Internet-Einkäufe sind häufig Gebrauchswaren, Haushaltswaren, Elektronik, also Gebrauchsgüter, die ständig an Wert verlieren, also nicht wertbeständig sind. Das bedeutet, dass die Gebrauchsgüter, die Sie gekauft haben, bereits nach kurzer Zeit einen Teil ihres Wertes verloren haben. Tilgung und Zinsen dagegen beziehen sich auf den ursprünglichen Wert der Ware, also den Kaufpreis.

Dies ist eine Spirale, die sich ständig nach unten dreht und Sie mitzieht. Passen Sie also auf, und üben Sie sich beim Thema Internet-Einkäufe in Selbstdisziplin. Auch wenn die Werbung subtile Bedürfnisse weckt: Nicht alles, was angeboten wird, brauchen Sie auch unbedingt.

Insbesondere, wenn Sie überschuldet sind, sollten Sie der manipulativen Werbung widerstehen.

Überschuldung durch Arbeitslosigkeit

Wir haben in Deutschland zurzeit einen sehr stabilen Arbeitsmarkt. Die Zahl der Arbeitssuchenden geht immer noch zurück. Die Aussichten für die nächsten Jahre sind eher positiv, da eine gute Konjunktur und die Suche nach guten Fachkräften den Arbeitsmarkt positiv beeinflussen werden.

Arbeitslosigkeit ist das wohl einschneidenste Ereignis und der am meisten treibende Faktor bei einer Überschuldung. In Deutschland gibt es zwar ein Unterstützungssystem durch die Agentur für Arbeit, das die Arbeitslosigkeit abfedert. Jedoch werden in den maximal 24 Monaten einer Unterstützung

nicht die gewohnten Nettobeiträge wie aus einem Angestelltenverhältnis bezahlt. Es fehlt also Geld in der Haushaltskasse.

Nach den ersten 24 Monaten einer Arbeitslosigkeit wird es dramatisch, da dann die Regeln für das Arbeitslosengeld II (Hartz IV) greifen und sich die finanzielle Situation nochmals verschlechtert.

Um eine Überschuldung durch Arbeitslosigkeit zu verhindern, ist Bildung notwendig. Lebenslanges Lernen, ständige Bereitschaft zur Weiterbildung sind die besten vorbeugenden Maßnahmen, um einer Überschuldung durch Arbeitslosigkeit entgegenzuwirken.

Wie bereits erwähnt haben wir gute konjunkturelle Aussichten, und Fachkräfte werden bald Mangelware sein. Ausbildungsplätze bleiben unbesetzt, Arbeitsplätze im Bereich Dienstleistung und Service werden dringend gesucht. Das sind Ihre Chancen. Nutzen Sie sie konsequent durch kontinuierliche Bildung und Weiterbildung.

Berufliche Weiterbildung im Betrieb, Weiterbildung nach Feierabend, berufsbegleitende Fachausbildungen, Spezialausbildungen und das Erlernen einer Fremdsprache sind gute Ansätze, sich beruflich fit zu halten und seinen Arbeitsplatz abzusichern. Außerdem können Sie sich Einkommensvorteile erarbeiten und Ihren Verdienst steigern. Dazu gehören natürlich Selbstdisziplin und Wollen. Haben Sie außerdem Mut, die eigene Situation zu analysieren und danach konsequent zu handeln.

Sind Sie dennoch in eine Überschuldung durch Verlust des Arbeitsplatzes gekommen, haben Sie zwei gute Möglichkeiten:

1. Schnellstmögliche Rückkehr ins Arbeitsleben

2. Analyse der eigenen Situation und Beherrschung der Überschuldungssituation mit Selbstdisziplin und Klarheit. Übersteigt dies Ihre Möglichkeiten, suchen Sie dringend eine professionelle Schuldenberatung auf.

Der erste Schritt ist es, mit Selbsterkenntnis die eigene Situation schonungslos zu analysieren und systematisch mit Willensstärke und genauer Umsetzung eine Verbesserung zu erreichen. Wenn dies nicht wirkt, ist die Hilfe einer guten Schuldenberatung notwendig und dringlich.

Überschuldung durch Scheidung

Trennungen und Scheidungen haben weitreichende Konsequenzen, vor allem auch im finanziellen Bereich. Es muss ein neuer Lebensabschnitt gestaltet werden. Dafür ist viel zu tun:

–   Aufteilung eines Haushaltes in zwei Haushalte
–   Wenn ein Partner wegen Familienbetreuung und Haushaltsführung nicht berufstätig war, muss er sich um eine neue Anstellung kümmern.
–   Kinder müssen versorgt und betreut werden, gegebenenfalls neben einer beruflichen Tätigkeit.
–   Anschaffungen für ein neues eigenständiges Leben müssen finanziert werden.
–   Kosten der Scheidung (Anwalt, Gericht, usw.) müssen berücksichtigt werden.
–   Bestehendes Kapital und Eigentum muss getrennt werden.
–   Mobilität muss neu organisiert werden.

Es kommen also viele Themen auf Sie zu, die zunächst Geld kosten. Möglicherweise können Sie Eltern oder andere Verwandte dabei zeitweise unterstützen. Ansonsten sollten Sie institutionelle Hilfe in Anspruch nehmen, also von einer Bank oder Sparkasse.

Das Entscheidende ist, eine eigene Einkommensquelle zu haben und die Berufstätigkeit ggf. mit der Erziehung und Ausbildung der Kinder in Einklang zu bringen. Wenn das nicht möglich ist oder das Geld trotzdem nicht ausreicht, sollten Sie nach weiteren Finanzhilfen suchen, die Sie zeitweise unterstützen.

Dazu einige Ratschläge:

- Eine Kreditrückzahlung hat immer Vorrang vorm Sparen – vor allem in der gegenwärtigen Niedrigzinsphase.
- Vor einem Kreditabschluss sollten Sie immer Konditionen vergleichen und sich mehrere Angebote einholen. Lesen Sie das Kleingedruckte aufmerksam und lassen Sie es sich so lange erklären, bis Sie jedes Detail verstanden haben.
- Lassen Sie sich keine Restschuldversicherung andrehen. Die Kosten dazu sind viel zu hoch.
- Behalten Sie den Überblick über Ihr Girokonto, und vermeiden Sie Dispokredite, die zusätzlich sehr viel Geld kosten.

Überschuldung durch Alleinerziehung

Erziehung und ggf. Beruf als Alleinerziehende unter einen Hut zu bringen ist eine ständige Herausforderung. Meist sind Kompromisse notwendig – vor allem im beruflichen und/oder familiären Bereich. Das hat weitreichende Auswirkungen.

Alleinerziehende können oft nur halbtags arbeiten – wenn überhaupt. Deshalb haben sie weniger Einkommen, eingeschränkte Möglichkeiten der Weiterbildung und fehlende Flexibilität am Arbeitsplatz. Dies hat Nachteile für eine perspektivische persönliche Berufsentwicklung.

Gleichzeitig müssen sie ihrer alleinigen Verantwortung gegenüber Kindern, deren Erziehung und Ausbildung gerecht werden.

Folgen sind also geringes Einkommen, fehlende Zeit, niedrigere Beiträge für eine Altersversorgung und auch Hypothekenaufbau für den Ruhestand. Diese Situation zu meistern ist sehr anspruchsvoll. Das gelingt nur mit Selbstdisziplin, guter Organisation und Koordination sowie großem gegenseitigem Verständnis von Kind, Elternteil und ggf. Verwandter.

Die Versuchung, durch zusätzliche Anschaffungen auf Kredit die Nachteile des Alleinlebens zu kompensieren, ist groß. Damit ist auch die Gefahr, in Überschuldung zu geraten, groß.

Hinzu kommt: Alleinerziehenden gelingt die Rückkehr in den Arbeitsmarkt oft nicht, da geeignete Kinderbetreuungsangebote fehlen. Dabei spielt das Alter der Kinder eine zentrale Rolle. Bei der Betreuung von Kindern bis zu drei Jahren sind Alleinerziehende in der Regel auf sich allein gestellt und bekommen Hartz IV. In diesem Abschnitt fällt ein Ausstieg aus Hartz IV besonders schwer. Viele Alleinerziehende sind auf Dauer auf Sozialleistungen angewiesen.

Die typische deutsche Familie besteht aus Vater, Mutter und ein oder zwei Kindern. Meist hat sie zwei Gehälter und gegenseitige Unterstützung. Doch die Wirklichkeit verändert sich zunehmend: Laut statistischem Bundesamt leben mittlerweile rund 8,2 Millionen Familien mit minderjährigen Kindern in Deutschland. In fast jeder fünften Familie ist entweder die Mutter oder der Vater alleinerziehend, Tendenz steigend.

Überschuldung durch Selbstständigkeit

Wenn einige Grundvoraussetzungen gegeben und geschaffen sind, ist der Schritt in die Selbstständigkeit schnell getan. Dann führen Mut und Fleiß zu ersten Erfolgen.

Möglicherweise werden allerdings gerade in der Aufbauphase einer Selbstständigkeit vier Dinge leichtfertig übersehen:

1. Kaufmännische Grundkenntnisse sind unabdingbar, um die Selbstständigkeit zu meistern.

2. Umsatz ist nicht gleich Gewinn. Eine genaue Kostenkontrolle ist notwendig. Steuern und weitere Kosten müssen einkalkuliert werden, nach Gründung im Wesentlichen im zweiten und dritten Jahr durch erste Steuerbescheide und mögliche zeitgleiche Steuervorzahlungen.

3. Konjunkturelle Veränderungen führen zu geringeren Umsätzen.

4. Krankheit und persönliche Veränderungen im Umfeld haben großen Einfluss auf Selbstständige.

Jedes Jahr müssen im Durchschnitt 4 von10 Existenzgründern ihr Geschäft aufgeben. Im Jahr 2012 hatten 29.619 Unternehmen Insolvenz angemeldet. Die Gesamtzahl im privaten und geschäftlichen Bereich belief sich von Juni 2012 bis Juni 2013 auf über 150.000 Insolvenzen.

Werden diese Punkte nicht bedacht, können sich über die Zeit Schulden anhäufen, die selbst bei einer erfolgreichen geschäftlichen Tätigkeit nicht mehr verringert werden können.

Dann muss überlegt werden, was zu tun ist, etwa Aufgabe der Selbstständigkeit, neue Anstellung und Schuldenabbau. In der Regel ist eine solche Situation durch Hilfe zur Selbsthilfe nicht mehr zu beherrschen. Professionelle Beratung mit der Diskussion von möglichen Lösungen bis hin zur Insolvenz sind hier zielführend, um so schnell und gut wie möglich aus der Überschuldung herauszukommen und das folgende Leben möglichst wenig zu belasten.
Wenn Sie in eine solche Situation geraten sein sollten, holen Sie sich also fachlichen Rat, zum Beispiel bei Ihrer Bank oder einem Schuldenberater.

Wer als Selbstständiger über Jahre erfolgreich war und sich mit den eigenen Händen eine Existenz aufgebaut hat, ist sicherlich stolz auf das Erreichte. Außerdem stufen Menschen im näheren Umfeld den sozialen und wirtschaftlichen Status eines Selbstständigen höher ein als den eines Angestellten.
Der Sinn einer solcher Einstufung mag fragwürdig sein, aber Menschen ticken leider so. Wer seine Selbstständigkeit aufgeben muss, aus welchen Gründen auch immer, scheint das Stigma des Gescheiterten mit sich zu tragen. Es scheint, als wäre man einfach zu schlecht oder unfähig gewesen, sich durchzusetzen und langfristig erfolgreich zu sein.

Eine gescheiterte Selbstständigkeit ist also oft von Vorurteilen geprägt, und das Bild des erfolgreichen Selbstständigen kommt ins Wanken. Doch wer als Selbstständiger gescheitert ist, sollte sich dafür weder schämen noch sich selbst verurteilen. Wichtig ist es, daraus zu lernen und das Beste aus dieser Erfahrung mitzunehmen.

Eine Festanstellung zu finden kann schwierig sein. Die Anzahl der Mitbewerber ist groß, und nicht immer gibt es eine große Auswahl an passenden Anzeigen für die eigene Wohnstadt. Wer sich um einen neuen Job bemüht, sollte bereit sein, sich überregional umzusehen und seinen derzeitigen Wohnort zu verlassen.

Wer heute auf dem Arbeitsmarkt eine Chance haben möchte, muss mobil sein und auch den Umzug in eine andere Stadt einkalkulieren.

Wichtig ist es, nicht aufzugeben und auch bei Rückschlägen immer optimistisch zu bleiben. Viele ehemalige Selbstständige verfallen schnell in eine Phase der Selbstaufgabe. Das sollten Sie vermeiden. Jede Erfahrung, und mag diese noch so bitter sein, sollte als Chance angesehen werden. Manchmal kann der Weg zurück in ein Angestelltenverhältnis auch der Start zur Vorbereitung auf eine neue und dann langfristig erfolgreiche Selbstständigkeit sein.

Überschuldung im Alter

Jeder möchte bei bester Gesundheit und auskömmlichen Einnahmen alt werden. Doch Letzteres wird immer schwieriger zu erreichen sein.

Gründe dafür sind:

– Die Qualität der staatlichen Rente wird immer geringer und ist dazu noch belastet von Abgaben wie Steuern, Krankenkasse und Pflegeversicherung.

– Die Einzahlungen während des Berufslebens zur staatlichen Rentenversicherung sind immer ans persönliche Einkommen gebunden. Ist das Einkommen gering, reichen die eingezahlten Beiträge nicht aus.

Vieles spricht dafür, dass die finanzielle Versorgung im Alter allein durch den Staat nicht gesichert sein wird. Stattdessen muss jeder sehr viel selbst dazu beitragen, dass es später zu keiner Versorgungslücke kommen wird. Deshalb sollte schon frühzeitig geplant und vorgesorgt werden.

Was können Sie tun, um der Überschuldung im Alter vorzubeugen?	– Sorgen Sie dafür, dass Sie zu Beginn des Ruhenstand keine Schulden mehr haben. Ansonsten belasten sie das geringere Einkommen zusätzlich. – Schließen Sie eine private Zusatzversorgung ab. Sie ist zwingend notwendig, damit Sie im Alter Ihren gewohnten Lebensstandart aufrechterhalten können. Tun Sie dies so früh wie möglich. Außerdem sollten Sie die private Rentenversicherung nicht zweckentfremden. – Bleiben Sie fit und sportlich aktiv, um Ihren Ruhestand möglichst gesund erleben zu können.

 siehe entsprechende Hilfsmittel auf www.inops-solutions.de

Diese Hilfsmittel können Sie schnell und einfach über unseren Onlineshop www.inops-solutions.de kaufen und sofort herunterladen.

Das Rentenproblem in Deutschland lässt sich so zusammenfassen:

Nirgendwo lässt sich eine soziale Ungerechtigkeit besser analysieren als bei der Rente, dem mit Abstand größten Posten im deutschen Sozialetat. Schon lange beklagen Sozialpolitiker der großen Parteien, dass die Rentenreformen der jüngeren Vergangenheit vor allem der Bevölkerung mit kleinem Einkommen weniger genutzt haben als der Bevölkerung mit mittleren und größeren Einkommen. Einnahmenschwache profitierten also viel weniger als die Bevölkerung mit mittleren und größeren Einkommen. Dies scheint sich in zukünftigen Reformen fortzusetzen, so dass die Schere zwischen Arm und Reich auch in Rentenbereich weiter auseinandergeht.

Wer wenig mehr verdient als den Mindestlohn, kann künftig selbst nach 40 Berufsjahren lediglich mit einer Rente auf Hartz-IV-Niveau rechen. Dies ist Realität, und die soziale Ungerechtigkeit wird in der Folge weiter zunehmen. So kommt es, dass die Gesetzliche Rentenversicherung, das Herzstück des sozialen Wohlfahrtsstaates, so gut wie nichts dazu beiträgt, die Kluft zwischen Arm und Reich zu überbrücken. In kaum einem anderen Land der OECD schneiden Geringverdiener bei der Altersversorgung so schlecht ab wie in der Bundesrepublik.

Viele Immobilieneigentümer stehen möglicherweise vor einem weiteren Problem:

Jeder 4. Immobilieneigentümer, der in den Ruhestand wechselt, hat noch eine Hypothek abzuzahlen. Dadurch wird das bereits knappe Einkommen im Ruhestand noch weiter verringert. Deshalb sollten Sie dafür sorgen, dass die Hypotheken für das Eigentum abbezahlt sind, wenn Sie in Rente gehen. Das ist natürlich leichter gesagt als getan.

Da die gesetzliche Rente selten ausreicht, um sich den gewünschten angenehmen Lebensabend zu finanzieren, ist es sozusagen deutsche Tradition,

sich die Rente durch eine Immobilie zu sichern. Denn mietfreies wohnen im Alter führt zu Einsparungen und eine höhere Lebensqualität.

Leider geht dieser Plan oft nicht auf. Nur jedem 4. Rentner gelingt dies. Die anderen Rentner gehen mit einer deutlichen Belastung in den Ruhestand. Viele müssen noch bis ins hohe Alter Zinsen und Tilgung zahlen.

Wie lassen sich also Schulden im Rentenalter vermeiden, so dass es nicht zu einer Überschuldung kommt?

In der Regel ist die Finanzierung einer Immobilie auf einen Zeitraum zwischen 20 und 40 Jahren angelegt. Deshalb sollten die Hypotheken bei Renteneintritt abbezahlt sein. Eine solide Finanzberatung hat dies zu gewährleisten und entsprechende Tilgungsvereinbarungen danach auszurichten. Der Annuitätsbetrag muss nicht immer 1% sein. Gerade in der heutigen Niedrigzinsphase kann dieser Betrag auch deutlich höher sein (3 bis 4%). Damit wird die Hypothekenschuld schneller verringert.

Leider gibt es selbst bei der besten Planung Störfaktoren. Nicht zu kalkulierende Ereignisse sind Scheidung, Krankheit, vorübergehende Arbeitslosigkeit, Tod eines Partners, kostspielige Sanierungen oder Umbauten der Immobilie.

Bei einer Immobilienplanung sollten immer Rücklagen für Sanierungen berücksichtigt und kontinuierlich gespart werden für Renovierungs- und Umbauvorhaben durch die eigene Nutzung (alle 10 bis 15 Jahre).

Der Statistik zufolge sind die meisten Immobilienkäufer zwischen 35 und 45 Jahre alt. Diese Käufer haben meist ein gefestigtes Berufsleben, und ihre Familienplanung ist in der Regel abgeschlossen.

Daraus ergibt sich die Laufzeit einer Hypothek, die vor dem Erreichen des Renteneintrittsalters des Tilgenden mit 65 plus abgeschlossen sein sollte.

- Lassen Sie sich durch einen versierten Finanzberater der Bank oder Sparkasse gut beraten.
- Knüpfen Sie die Laufzeit der Hypotheken an den Zeitpunkt Ihres Renteneintritts.
- Wählen Sie entsprechend dieser Laufzeiten eine erhöhte Tilgung.
- Bilden Sie Rücklagen sowohl für Unvorhergesehenes als auch die erwartbaren Renovierungs- und Umbaumaßnahmen.

Sollte es dennoch zu Engpässen kommen, die nicht mehr zu tilgen sind, bleibt dem älteren Immobilienbesitzer nur der Verkauf. Doch das sollte kein Zwangsverkauf zu nicht marktüblichen Konditionen sein. Der Verkauf mit der Zusicherung eines Wohnrechts, der im Grundbuch einzutragen ist, ist eine mögliche Alternative. Diese Rechte müssen erstrangig und insolvenzsicher beglaubigt sein. Erstrangig bedeutet, dass der Kreditgeber, der im Grundbuch an erster Stelle eingetragen ist, im Falle der Insolvenz als erster Geld bekommt, danach der zweitrangige.

Überschuldung durch ein Erbe

Nicht immer ist die Nachricht, dass man ein Erbe zu erwarte hat, eine gute. Denn auch Schulden können vererbt werden. Etwa, wenn auf einer Immobilie noch höhere Hypothekenleistungen zu leisten, Ratenkredite offen sind oder anderweitige Bankschulden bestehen. Die Organisation und Kosten für Bestattung und die Haushaltsauflösung sowie die notwendige Klärung von unklaren Sachverhältnissen erschweren die Situation zusätzlich. Zudem könnten sich die Hinterbliebenen wegen der emotionalen Verbindung verpflichtet fühlen, für den Verstorbenen etwas zu beenden, was er nicht mehr leisten konnte – etwa Schulden abzubauen.

Erleben Sie gerade solch einen Fall? Dann ist es ratsam, emotionslos die Situation zu analysieren und sämtlich Fakten und Themen zusammenzutragen, um auf diese Weise Klarheit zu erhalten.

Es ist wichtig, dass wirklich alle Themen auf den Tisch kommen und alle Verbindlichkeiten aus Krediten etc. genau aufgelistet werden. Ansonsten könnten Sie später durch Forderungen überrascht werden, die von bis dahin ungekannten Gläubigern an Sie als Erbe gestellt werden.

Es macht keinen Sinn, Schulden zu übernehmen, denen keine Sachwerte entgegenstehen.

Anders ist zu beurteilen, wenn Sie eine Immobilie erben, die noch eine Resthypothek aufweist. In einem solchen Fall berechnen Sie wirtschaftlich Ihren Nutzen. Prüfen Sie vor Annahme des Erbes einer Immobilie, ob Sie einen finanziellen Vorteil durch Eigennutzung, Vermietung oder gar Verkauf generieren können.

Denken Sie dabei auch an Steuerfreibeträge und gegebenenfalls anfallende Erbschaftssteuer.

Suchen Sie sich für die Analyse entsprechende Hilfsmittel, um Klarheit zu schaffen. Anleitungen, wie Sie alles systematisch erfassen können, finden Sie in unserem E-Book:

Verschuldet – WASTUN!? –
erhältlich auf www.inops-solutions.de

Erst danach sind Sie und auch Ihre Miterben in der Lage zu entscheiden, ob Sie das Erbe annehmen oder ausschlagen möchten. Wenn die Schulden des Verstorbenen zu hoch sind, kann die Ausschlagung des Erbes die bessere Option sein. Regeln Sie diese Themen mit dem zuständigen Nachlassgericht Ihres Wohnortes oder Ihrer Gemeinde. Gegebenenfalls ziehen Sie den Rat eines Notars hinzu.

AUSWIRKUNGEN DER ÜBERSCHULDUNG

Die möglichen Gründe, die zu einer Überschuldung führen, kennen Sie nun. Auch, wie Sie die Überschuldung angehen oder noch besser vorbeugen können, falls eine der genannten Situationen Sie betrifft.

Doch nicht nur Sie, auch Ihr(e) Gläubiger können etwas gegen die Überschuldung tun – beziehungsweise dafür, dass sie ihr Geld von Ihnen erhalten. Schließlich sind Sie als mündiger und geschäftsfähiger Bürger Verpflichtungen eingegangen, denen Sie nachkommen müssen.

Selbst wenn der Gläubiger die Initiative übernimmt und beispielsweise ein Mahnverfahren einleitet, können Sie aktiv werden – und das sollten Sie auch. Wie immer ist es wichtig, dass Sie den Überblick behalten, Ihre Situation analysieren und lückenlos darstellen. Schon allein damit stärken Sie Ihre Position gegenüber den Gläubigern. Wenn Sie Hilfe brauchen, suchen Sie diese. Ein Außenstehender wie ein Schuldnerberater oder ein anderer Fachmann aus dem Finanzwesen kann Ihnen am besten zur Seite stehen, wenn Sie ihm gegenüber alles offenlegen.

Tun Sie alles für Ordnung und Klarheit in Ihren Unterlagen. Sollten Sie diese bislang vernachlässigt haben und zum Beispiel alle Belege und vielleicht sogar ungeöffnete Briefe unsortiert in Einkaufstaschen aufbewahren, ist spätestens jetzt der richtige Zeitpunkt, alles zu sichten und zu sortieren. Für einen Außenstehenden wäre dies noch aufwendiger. Erstellen Sie aus den Unterlagen Tabellen und Formulare, die die Zusammenarbeit mit anderen noch weiter erleichtern.

Bei der Überschuldung sind
die folgenden Themen besonders wichtig.

Existenzminimum

Für die folgenden Kapitel ist es wichtig zu wissen, was genau das Existenzminimum ist. Der Begriff bezeichnet den finanziellen Grundbedarf eines Menschen, den er zum Überleben braucht. Dazu zählen zum Beispiel Nahrung, Kleidung, Verkehr, Bildung, Freizeit, Kranken- und Pflegeversicherung und Wohnung. Zudem soll jeder Mensch in der Lage sein, am gesellschaftlichen und wirtschaftlichen Leben teilzunehmen, sich also wenigstens Dinge in Höhe des Existenzminimums leisten zu können.

Wie hoch das Existenzminimum ist, ist gesellschaftlich unterschiedlich, für Deutschland ist es klar geregelt. Er wird vom Gesetzgeber festgelegt und in regelmäßigen Abständen an die allgemeine Preisentwicklung angepasst. Die Regelsätze für 2016 belaufen sich auf € 8652 pro Jahr für einen Single-Haushalt und € 17.304 für ein Paar. Für jedes Kind erhöht sich dieses Minimum um € 4.608 pro Jahr. Auch auf die Steuer hat dieser Satz Auswirkung: Wer nicht mehr als diesen – hier Grundfreibetrag genannten – Betrag verdient, muss keine Einkommenssteuer zahlen.

Das Existenzminimum leitet sich ab aus dem Grundgesetz Artikel 1 Abs.1 des Sozialstaatsprinzips, das besagt, dass in Deutschland der Sozialhilfesatz das Minimum an Versorgung darstellt.

Auf dieser Basis werden auch die Sätze für Arbeitslosengeld II (Hartz IV) und die Grundabsicherung im Alter abgeleitet. Der Mindestbeitrag lag 2015 bei € 1.073,85 im Monat. Dieser Betrag ist pfändungsfrei. Darüber hinaus ist entschieden worden, dass das steuerliche Existenzminimum nicht geringer sein darf als das Sozialhilfeniveau.

Auswirkung: Mahnungen

Mahnung oder auch Zahlungserinnerung ist die eindeutige Aufforderung des Gläubigers an den Schuldner, die ihm geschuldete Leistung zu erbringen. Meistens geht es dabei um die Bezahlung einer noch offenen Rechnung oder einer regelmäßigen Verbindlichkeit wie einer Kredittilgung.

Vieles zu den Themen Mahnung und Mahnverfahren ist im Bürgerlichen Gesetzbuch (BGB) geregelt. Eine Mahnung kann bis zu drei Stufen haben. Mit Ausstellen einer Mahnung wird der Schuldner in Verzug gesetzt. Das heißt, dass er bis zu einem gesetzten Termin eine Zahlung erbringen muss. Ein Mahnschreiben unterliegt nicht einer bestimmten Form. In der Regel wird darin direkter Bezug auf die geschuldete Leistung genommen, in Form von Rechnungsnummer, Rechnungsdatum, Definition der geschuldeten Leistung sowie das Datum der Zahlungsfälligkeit. Entscheidend ist hierbei, dass mit dem Ausstellen der ersten Mahnung und Eintreten des Verzuges ein so genannter Verzugsschaden eintritt. Dies sind in der Regel Zinsen und Rechtsfolgekosten, die durch den Schuldner dann zusätzlich zu bezahlen sind.

Die geregelte Verjährungsfrist beträgt drei Jahre. Wenn der Schuldner jedoch mit dem Gläubiger über den Sachverhalt der Mahnung verhandelt, ist die Verjährung gehemmt, und zwar so lange, bis der eine oder andere die Fortsetzung der Verhandlung verweigert.

Das bedeutet, dass es sehr sinnvoll ist, mit dem Gläubiger zu verhandeln und zu versuchen, eine Lösung zu finden. Diese Lösung kann sein, dass man sich über eine Ratenzahlung einigt, die Zahlung terminlich auf ein anderes Datum festlegt oder bei gerechtfertigten Beanstandungen die Zahlung kürzt. Am besten sollte solch eine Verhandlung schriftlich durchgeführt werden, damit es nicht zu Unklarheiten kommt.

Auswirkung: Lohn-/Gehaltspfändung

Die Pfändung von Lohn oder Gehalt ist eines der häufigsten Mittel der Vollstreckung einer Schuld. Eine Gehaltspfändung ist dann notwendig und wird vom Amtsgericht angeordnet, wenn sämtliche Versuche des Mahnens vergeben waren. Es ist leicht festzustellen, ob der Schuldner einen Beruf ausübt. Das Einkommen des Schuldners ist für den Gläubiger eine Einnahmequelle, mit der der Gläubiger die Schulden zurückgezahlt bekommt.

Diese Art von Zwangsvollstreckung ist in der Zivilprozessordnung geregelt. Basis für das Verfahren ist ein Pfändungs- oder Überweisungsbeschluss, der durch ein Gericht ausgestellt wird. Bei diesem Verfahren geht der Gläubiger direkt auf den Arbeitgeber des Schuldners zu: Der Gläubiger legt dem Arbeitgeber den gerichtlichen Beschluss zur Pfändung vor, die der Arbeitgeber umzusetzen hat. Die Pfändung von Lohn bzw. Gehalt ist aus sozialen Grün-

den auf einen pfändbaren Teil beschränkt. Die Höhe der Pfändungsgrenze, also der Betrag, der nicht gepfändet werden darf, ist in Lohnpfändungstabellen/Pfändungsfreigrenzen für Arbeitseinkommen festgelegt. Die Pfändungstabellen werden jährlich vom Gesetzgeber aktualisiert

Wie läuft ein Lohnpfändungsverfahren ab?

1. Der Gläubiger hat einen so genannten vollstreckbaren Titel, das heißt, zum Beispiel eine offene Rechnung. Ohne einen solchen Titel kann der Gläubiger gegenüber dem Schuldner nichts durchsetzen, und alle Einigungsversuche oder Schlichtungen sind gescheitert.
2. Der Gläubiger benötigt die Adresse des Arbeitgebers seines Schuldners. Diese erhält er vom Gericht über das Finanzamt.
3. Der Gläubiger beantragt bei Gericht die Pfändung des Gehalts seines Schuldners. Ein Gerichtsvollzieher stellt den Pfändungs- und Überweisungsbeschluss im Auftrag des Gläubigers dem Arbeitgeber zu. verzichten?
4. Der Arbeitgeber ist gesetzlich verpflichtet, an der Lohnpfändung mitzuwirken.
5. Der Arbeitgeber muss nun den pfändbaren Anteil am Lohn ermitteln und diesen an den Gläubiger überweisen. Er hält jetzt ein Pfändungsrecht und setzt die Pfändung um.
6. Der Arbeitgeber informiert binnen zwei Wochen den Gläubiger über die Wirksamkeit des Pfändungsbeschlusses.
7. Liegen dem Arbeitgeber mehrere Pfändungen vor, werden diese in der Reihenfolge des Eingangs berücksichtigt.
8. Geht der Arbeitnehmer in Insolvenz, darf der Arbeitgeber die Pfändung nicht mehr bedienen.

Der Arbeitgeber muss korrekt prüfen und festlegen, welche Einkommens-bestandteile überhaupt pfändbar sind und welche nicht. Zum Beispiel sind Schichtzulagen nicht pfändbar. Dies muss der Arbeitgeber prüfen.

Übersteigt der Pfändungsanteil die notwendigen Aufwendungen zum Lebensunterhalt, kann der Schuldner beim zuständigen Vollstreckungsgericht einen Antrag auf Heraufsetzung des unpfändbaren Anteils stellen.

Auswirkung: Kontopfändung

Die Kontopfändung ist im deutschen Recht die Beschlagnahme eines Bankkontos eines Schuldners im Rahmen der Zwangsvollstreckung durch einen gerichtlich erwirkten Pfändungsbeschluss.

Dabei können Girokonten, Bankguthaben wie Sparbücher und Depots Gegenstand der Kontopfändung sein.
Die kontoführende Bank bzw. das Kreditinstitut ist zur Mitarbeit und Auskunft gegenüber dem Gläubiger verpflichtet.

Die Bank/das Kreditinstitut muss genau prüfen, welche Teile außer dem Guthaben zusätzlich pfändbar sind, wie zukünftige Salden, Kreditlinien, geduldeter Überziehungskredit/Dispositionskredit.
Eine Auszahlungssperre auf den pfändbaren Anteil besteht für die ersten vier Wochen nach Zustellung des Pfändungsbeschlusses.

DIE KONTOPFÄNDUNG IST ERLEDIGT, WENN:

- Der Gläubiger gegenüber der Bank die Erledigung erklärt,
- der Schuldner die bestehende Forderung beglichen hat,
- die Bank die Forderung an den Gläubiger beglichen hat oder
- das Gericht oder die Vollstreckungsbehörde die Pfändung aufgehoben hat.

Auswirkung: Vollstreckungsbescheide

Damit der Gläubiger seine Ansprüche gegenüber einem Schuldner auf einfache Art und Weise durchsetzen kann, gibt es das Mahnverfahren als vereinfachtes Gerichtsverfahren. Dabei prüft das Gericht nicht, ob die angemeldeten Ansprüche tatsächlich existieren oder nicht.

Mit dem Mahnverfahren ist die Einforderung einer Schuld ohne vorherige Klageerhebung möglich. Wenn der Schuldner nicht reagiert, folgt am Ende eines Mahnverfahrens ein Vollstreckungsbescheid.

Der Vollstreckungsbescheid ermöglicht dem Gläubiger die zwangsweise Durchsetzung seiner Forderung gegenüber dem Schuldner. Zwangsweise bedeutet, dass der Gerichtsvollzieher beauftragt oder zum Beispiel eine

Lohnpfändung beantragt wird. Ein Vollstreckungsbescheid verjährt erst nach 30 Jahren.

Nachdem ihm der Vollstreckungsbescheid zugegangen ist, hat der Gläubiger zwei Wochen Zeit zum Einspruch beim zuständigen Amtsgericht.

Der zeitliche Ablauf eines Mahnverfahrens bis hin zur Vollstreckung:

1. Die außergerichtliche Einigung zwischen Gläubiger und Schuldner war erfolglos. Der Gläubiger wendet sich an ein Gericht und beantragt einen Mahnbescheid

2. Der Mahnbescheid wird vom Gericht, ohne Prüfung auf Forderungs-berechtigung, verschickt. Der Gläubiger hat zwei Wochen Zeit, um seinen Widerspruch an das zuständige Gericht zu richten.

3. Reagiert der Schuldner auf den Mahnbescheid nicht, folgt zwangsläu-fig der Vollstreckungsbescheid durch das Gericht. Auch hier besteht eine zweiwöchige Einspruchsfrist.

4. Nach Zustellung des Vollstreckungsbescheides kann der Gläubiger Maßnahmen zur Vollstreckung einleiten – Gerichtsvollzieher, Lohn-/Gehaltspfändung oder Kontopfändung (siehe oben).

Auswirkung: Gerichtsvollzieher

Der Gerichtsvollzieher vollstreckt Urteile und Vollstreckungsbescheide zwangsweise. Darüber hinaus stellt er auch relevante Schriftstücke zu. Die primäre Aufgabe des Gerichtsvollziehers ist es, Geldforderungen einzutreiben, die sich aus Vollstreckungsbescheiden ergeben.

Dabei liegt es im Ermessen des Gerichtsvollziehers, gütliche Einigungen wie Zahlungsaufschub oder Ratenzahlungen zu vereinbaren, bevor auf eine Pfändung zurückgegriffen wird. Neben Bargeld ist auch bewegliches Vermögen wie Autos, Schmuck usw. pfändbar.

Ist eine Pfändung erfolglos, kann der Gerichtsvollzieher die Vermögensauskunft (früher Offenbarungseid) abnehmen. Dabei wird ein Verzeichnis des Vermögens des Schuldners erstellt. Mit Abgabe der Erklärung des Schuldners wird dieser für zwei Jahre in das Schuldenverzeichnis des zuständigen Vollstreckungsgerichts eingetragen.

Der Gerichtsvollzieher pfändet bewegliches Vermögen, indem er darauf ein Pfandsiegel anbringt. Dieses darf der Gläubiger nicht entfernen.

Auswirkung: Angst, Krankheit, Existenzangst, eigenes Versagen

Neben den rein sachlichen Auswirkungen hat eine Überschuldung natürlich auch Auswirkungen auf die Psyche und ggf. den Gesundheitszustand. Eine solche Situation mit Existenzängsten ist belastend – nicht nur für den Verursacher selbst, sondern auch für sein gesamtes Umfeld. Niemand kann sich einer solchen Belastung entziehen.

Trotz Scham und Verletzlichkeit: Suchen Sie sich Verbündete, in der Familie und/oder auch im Banken- und Gläubigerumfeld.

Es verbessert Ihre Situation nicht, wenn Sie sich „verstecken" und keinen Dialog suchen. Gehen Sie offen und ehrlich mit einer Überschuldungssituation um. Reden Sie mit Ihren Gläubigern.

Ziehen Sie auch Ihr persönliches Umfeld mit ein. Verheimlichen Sie ihnen gegenüber nichts. Auf diese Weise können Sie Ihre Familie bzw. Ihren Partner gewinnen, mit Ihnen an einem Strang zu ziehen und diese Situation gemeinsam zu bereinigen. Wenn Sie offen und ehrlich sind, kommen Sie sich nicht alleingelassen vor, und Sie müssen auch nicht versuchen, Ausreden zu finden oder etwas zu vertuschen.

Zeigen Sie Aktivität, indem Sie Ihre persönliche Lebenssituation analysieren und sich mit einer lohnenswerten Zukunft beschäftigen. Vermitteln Sie ihrem jeweiligen Gesprächspartner, dass Sie diese Situation der Überschuldung aktiv angehen und zu einer Lösung beitragen wollen.

Nur so gewinnen Sie möglicherweise Glaubwürdigkeit und Vertrauen zurück. Das ist eine gute Voraussetzung, um einen sicherlich mühevollen Weg mit der Unterstützung Ihrer Gläubiger und Ihrem persönlichen Umfeld zu gehen und schließlich aus der Überschuldung zu kommen.

Achten Sie bei all diesen Problemen auch auf Ihre Gesundheit. Viele Dinge rund um das Thema Überschuldung sind lösbar, aber Gesundheit ist nicht zu kaufen und kann irreparabel geschädigt werden.

Versichern Sie sich professioneller Hilfe, und ziehen einen Fachmann, Arzt oder Therapeut in das Thema mit ein, so dass Sie mit aller Kraft eine ganzheitliche Lösung finden können.

RECHTSLAGE

Um Ihnen eine abschließende und umfassende Information zum Thema Überschuldung zu geben, sei an dieser Stelle noch kurz und knapp auf die wichtigsten rechtlichen Grundlagen verwiesen, die Sie zu beachten haben und wissen sollten.

Grundsicherung SGB II und SBG XII – Sozialleistungspruch

In unserem Gesellschaftssystem lässt der Staat niemanden allein.
Die beiden wichtigsten Grundabsicherungen sind im Sozialrecht geregelt:

SGB II (Sozialgesetzbuch II) Grundsicherung für Arbeitsuchende

Diese Grundsicherung beinhaltet, Erwerbsfähige so zu unterstützen, dass Sie

1. ihre Erwerbstätigkeit erhalten und
2. bei Verlust der Erwerbstätigkeit eine neue Erwerbstätigkeit erlangen können.

Dazu gehören Leistungen zur Eingliederung in ein Beschäftigungsverhältnis und Leistungen zur Sicherung des Lebensunterhaltes (Hartz IV). Arbeitslosengeld I wird längstens 24 Monate gewährt; wenn dann immer noch keine neue Anstellung gefunden ist, folgt das Arbeitslosengeld II (Hartz IV).

SGB XII – Sozialhilfe

Die Sozialhilfe ermöglicht dem Leistungsberechtigten eine Lebensführung, die der Würde des Menschen entspricht.

Diese Leistungen erhalten Menschen, die nicht mehr in der Lage sind, aus eigener Kraft den notwendigen Lebensunterhalt zu bestreiten und keinerlei Hilfen von anderer Seite erhalten.

Das Leistungsspektrum geht von der Hilfe zum Lebensunterhalt, Gesundheit, Eingliederungsmaßnahmen für behinderte Menschen und Pflege bis zur Unterstützung bei sozialen Schwierigkeiten.

Rechtsfähigkeit, Handlungsfähigkeit, gesetzliche Vertretung

Unwissenheit schützt nicht vor Strafe. Deshalb ist es wichtig, einige weitere Grundsätze zu wissen, die im BGB geregelt und somit Rechtsgrundlage sind und für jeden gelten.

UNTER 7 JAHREN

Geschäftsunfähig sind lediglich alle Personen unter 7 Jahren oder Personen mit einer erheblichen und krankhaften Störung des Geisteszustandes.

ZWISCHEN 7 UND 18 JAHREN

Eingeschränkt geschäftsfähig sind alle Personen zwischen 7 und 18 Jahren. Sie können Rechtsgeschäfte abwickeln, benötigen aber die Einwilligung eines gesetzlichen Vertreters. Rechtsgeschäfte sind zum Beispiel der Abschluss eines Handy-Vertrags oder Ratenkaufs. Kleinere Geldbeträge können sie mit dem eigenem Geld bezahlen, ohne sich jedesmal die Einwilligung geholt zu haben. Diese Regelung (§ 110 BGB) ist auch als „Taschengeldparagraph" bekannt.

18 JAHREN

Voll geschäftsfähig sind alle Personen ab 18 Jahren. Sie können alle eigenen Angelegenheiten entweder selbst tätigen oder andere Personen dafür beauftragen.

Das ist wichtig zu wissen, um Klarheit bei Vertragsabschlüssen, Kreditabschlüssen, Kaufverträgen usw. zu haben.

WAS TUN!?

Gesetzliche Vertretung

Im Regelfall sind die Eltern die gesetzlichen Vertreter ihrer Kinder. Beide Elternteile nehmen dies gemeinschaftlich wahr.

Sind Eltern bei der Geburt eines Kindes nicht verheiratet, steht ihnen die gemeinsame Vertretung nur dann zu, wenn sie eine Sorgeerklärung abgegeben haben. Ansonsten hat die Mutter das Sorgerecht.

Eine gesetzliche Vertretung kann auch gerichtlich bestellt werden, zum Beispiel durch Vormundschaft oder Krankenpflege.

Verträge (Kaufvertrag, Mietvertrag, Darlehensvertrag, Dienstvertrag)

Ein **Kaufvertrag** kommt immer durch die Abgabe eines Angebots auf der einen und die Annahme dieses Angebotes auf der anderen Seite zustande. Zunächst sind solche Verträge beiderseitig bindend. In der Regel wird vereinbart, eine Leistung oder eine Ware gegen Geld zu tauschen. Das geschieht zum Beispiel bei jedem Kauf.

Nur, wenn die Sache oder die Dienstleistung einen Mangel hat, ergeben sich Änderungen zu dieser Grundsätzlichkeit. Dabei ist immer wichtig, den Zeitpunkt des Gefahrenübergangs zu kennen, um die Störung der Abwicklung des Kaufvertrages beurteilen zu können. Gefahrenübergang bedeutet in der Regel der Besitzerwechsel, zum Beispiel Erhalt einer Ware oder Beendigung einer Dienstleistung.

Eine solche Störung oder ein Sachmangel kann durch Nacherfüllung, Minderung des Kaufpreises oder Rücktritt vom Kaufvertrag reguliert werden.

Ein **Mietvertrag** kommt, wie alle anderen Verträge auch, durch Angebot und Annahme zustande. Zurzeit gibt es eine starke Nachfrage, so dass sich die Preise für vermieteten Raum inflationär erhöhen, vor allem in den Ballungsgebieten.

Der Mietvertrag regelt die zeitweise Überlassung einer Wohnung zum Gebrauch gegen Zahlung eines Mietzinses, umgangssprachlich Miete genannt. Im Wesentlichen ist im Mietvertrag der monatlich zu zahlende Mietzins geregelt, die Höhe der Nebenkosten (auch Hausgeld genannt) und die gegenseitigen ordentlichen Kündigungsfristen.

Diese ergeben sich in der Regel nach BGB §573c:

„Die Kündigung ist spätestens am dritten Werktag eines Kalendermonats zum Ablauf des übernächsten Monats zulässig (…)."

Die Kündigungsfrist des Mieters beträgt also meistens drei Monate.
Bevor Sie einen Mietvertrag abschließen, sollten Sie jeden einzelnen Punkt gelesen und verstanden haben, besonders, was Mietpreiserhöhungen („Staffelmiete") und Kündigungsfristen betrifft.

Außerordentliche Kündigungen sind möglich, wenn Mietschulden bestehen.

In diesem Fall kann der Vermieter dem Mieter auch mit einer kürzeren Frist als den drei Monaten kündigen.

Dienstverträge regeln im Allgemeinen den Austausch von Leistungen gegen Geld. Das gängigste Beispiel für einen Dienstvertrag ist der Arbeitsvertrag. Dabei sind im Wesentlichen die Arbeitnehmerschutzgesetze, Kündigungsschutzgesetz und Arbeitszeitgesetz zu beachten. Vorsicht ist bei Schwarzarbeit und Scheinselbstständigkeit geboten.

Widerspruchsrecht

Grundsätzlich haben Sie ein 14-tägiges Widerspruchsrecht. Bei sogenannten Verträgen außerhalb von Geschäftsräumen (Haustürgeschäfte) oder Fernabsatzverträge (Vertragsabschlüsse am Telefon) gelten besondere Bedingungen.

Vertragsabschluss im Internet

Die Bedingungen für einen Kauf im Internet sind in den allgemeinen Geschäftsbedingungen des jeweiligen Shops/Verkäufers geregelt. Die Rückgabe eines gekauften Artikels ist laut Gesetz immer möglich, es gilt das 14-tätige Widerrufsrecht. Manche Verkäufer gewähren eine längere Rückgabefrist.

Achtung bei Privatverkäufen über Plattformen wie ebay: Hier können

gekaufte Artikel in der Regel nicht zurückgegeben werden, da die Verkäufer Privatpersonen sind, keine angemeldeten gewerblichen Händler. Deshalb gelten für sie die oben genannten gesetzlichen Regelungen nicht. Gleichzeitig ist das Nichtzahlen eine Vertragsverletzung, der Verkäufer kann die Bezahlung einfordern. Kaufen und sich nicht wieder melden ist also keine gute Vorgehensweise.

Kündigung

Das Thema Kündigungen ist sehr vielfältig und besonders bei den unterschiedlichen Verträgen zu beachten. Neben der ordentlichen Kündigung gibt es die außerordentliche Kündigung und die fristlose Kündigung. Jeder dieser Kündigungsarten hat unterschiedliche Wirkungen, die im BGB §§ 622 ff geregelt sind.

Fristen, Bescheide, Verjährung

Bei allen möglichen Vertragsformen/Bescheiden ist es wichtig, über Fristen und Verjährungen Bescheid zu wissen. Denn nach Eintritt der Verjährung kann der Gläubiger verweigern, die geschuldete Leistung noch zu erbringen – also zum Beispiel eine offene Rechnung zu bezahlen.

Die normale Verjährungsfrist ist drei Jahre. Diese kann aber durch Hemmungen (Verhandlung zwischen Gläubiger und Schuldner) unterbrochen werden.

Im Kapitel „Rechtslage" sind die wesentlichsten Gesichtspunkte, die bei Überschuldungsthemen vorkommen, erwähnt worden. Bei weiteren Themen sind die vertraglichen Voraussetzungen und die Anwendungen der vertraglich vereinbarten Konditionen zu prüfen.

Nur daraus ergeben sich dann jeweilige Konsequenzen. Mitunter ist es ratsam, bei schwierigen Konstellationen fachlichen Rat eines Schuldenberaters und die Unterstützung durch einen Anwalt zu suchen.

DIE WICHTIGSTEN INFORMATIONEN AUS DEM E-BOOK

Verschuldung – Hilfen zur Selbsthilfe

Die Informationen zum Thema Überschuldung aus den vorherigen Kapiteln bilden die Basis, damit Sie die Herausforderung angehen und lösen können. Das Thema Überschuldung ist mit mehr Beachtung anzugehen als das Thema Verschuldung, da hier vertragsrelevante Fakten geschaffen wurden und Sie nicht mehr selbst Herr Ihres eigenen Handelns sind, da vieles über Amtsgerichte und Gerichtsvollzieher läuft. Deshalb sollten Sie versuchen, wie auch der Ansatz „Hilfen zur Selbsthilfe" anrät, so früh wie möglich eingreifen und die Situation möglichst beherrschen, bevor das Heft des Handels ein anderer übernimmt.

Doch mit Willen, Selbstdisziplin und Bereitschaft für Veränderungen können Sie die Themen angehen und Erfolge erzielen.

Beachten Sie die wichtigsten Voraussetzungen aus dem E-Book „Verschuldung", die auch für die Überschuldung angewendet werden können. Ergreifen Sie danach die nötigen Maßnahmen, um die Überschuldung in den Griff zu bekommen.

Der Erfolg versprechende Weg, Ihre Überschuldung abzubauen:

3. Schaffen Sie sich Bewusstheit und Klarheit.
4. Entwickeln Sie einen Willen zur Veränderung.
5. Analysieren Sie systematisch die Themen.
6. Erarbeiten Sie Wege und Strukturen, um die Themen zu ändern.
7. Setzen Sie die vereinbarten Maßnahmen um, und bleiben Sie dabei beharrlich.
8. Nehmen Sie sich nicht zu viel auf einmal vor.
9. Beginnen Sie mit den einfachen Themen, die schnell umsetzbar sind und zu schnellen Erfolgen führen (kurzfristige Maßnahmen).
10. Gehen Sie danach systematisch die Themen an, die längerer Entscheidungen bedürfen (mittelfristige Maßnahmen).
11. Arbeiten Sie danach an grundsätzlichen Themen, die die Veränderungen sicherstellen (langfristige Maßnahmen).
12. Geben Sie nicht auf, und verlieren Sie niemals den Mut!

Dazu ergänzende Aussagen und Tipps zur Überschuldung:

1. Klarheit ist der Schlüssel zu Veränderungen.
2. Reden Sie nichts schön, sondern schätzen Sie Ihre Situation realistisch ein.
3. Drehen Sie jeden Euro zweimal um, bevor Sie ihn ausgeben.
4. Denken und handeln Sie positiv, aber realistisch.
5. Seien Sie in der Familie oder Lebensgemeinschaft ein positiver, aber auch realistischer Meinungsbildner.
6. Sagen Sie lieber einmal mehr NEIN als einmal zu viel JA.
7. Begegnen Sie Freunden, die es ersichtlich ehrlich und gut mit Ihnen meinen, offen.
8. Jedoch kann falscher, möglicherweise gut gemeinter Rat verheerende Folgen haben.
9. Erarbeiten Sie sich Vertrauen durch Vorleben.

GEWINNBRINGENDE WEGE AUS DER ÜBERSCHULDUNG

Schufa/Selbstauskunft

Die Vertragspartner der Schufa Holding AG (Schutzgemeinschaft für allgemeine Kreditsicherung) übermitteln Informationen aus Geschäften mit Kunden. Diese Daten werden von Banken, Sparkassen, Versandhändlern, Stromversorgern, Telekommunikationsunternehmen und Versicherungen gemeldet.

DIESE DATEN SIND IM WESENTLICHEN:

- persönliche Daten (Namen, Anschrift etc.)
- Informationen, ob Geschäfte vertragsmäßig durchgeführt wurden. Dazu zählen: Kredit-Leasingverträge, Girokontodaten, Kreditkartendaten, Mobilfunkvertrag, Einrichtung eines Versandhauskontos
- Informationen über nicht vertragsgemäße Durchführung von Geschäften; das können sein: rückständige Forderungen, Kündigungen
- Informationen über nicht vertragsmäßiges Verhalten: Auffälligkeiten, Zahlungsverhalten
- Informationen aus öffentlichen Verzeichnissen und amtlichen Bekanntmachungen: Haftbefehle, eidesstattliche Versicherungen, Eröffnung eines Verbraucher-/Insolvenzverfahrens

WAS TUN!?

Diese Daten werden bis zu drei Jahre lang bei der Schufa gespeichert. Außerdem bewertet die Schufa die Kreditwürdigkeit und errechnet Prozentsätze (100% bis 0%), die zur Beurteilung des Risikos herangezogen werden.

Je höher dieser Prozentsatz ist, umso besser ist die Beurteilung. Ein Prozentsatz über 97,5% bedeutet ein sehr geringes Ausfallrisiko, 90% bis 95% bedeuten ein eher zufriedenstellendes Risiko, 80% bis 90% ein deutlich erhöhtes Ausfallrisiko, weniger als 50% ein sehr kritisches Risiko.

Anders gesagt: Die Wahrscheinlichkeit, dass die Zahlung erfüllt werden wird, liegt bei dem angegebenen Prozentsatz.

Fast alle Käufe sind heutzutage in gewisser Weise Kreditgeschäfte, die schnelle und zuverlässige Entscheidungen zwischen zwei Vertragspartnern erfordern. Vor oder mit dem endgültigen Vertragsabschluss kann der Verkäufer/Kreditgeber etc. die Daten des potenziellen Käufers/Kreditnehmers etc. abfragen und damit das Risiko für das Geschäft besser einschätzen.

Neben der eigenen Klarheit, die Sie sich aus Ihren Unterlagen schaffen können, sollten Sie sich bei der Schufa eine Auskunft darüber einholen, welche Daten unter Ihrem Namen gespeichert sind. Beantragen Sie mit Hilfe unseres Musterbriefes die Übersicht über die Eintragungen bei der Schufa.

Musterbrief 1: Antrag auf Auskunftserteilung der gespeicherten Daten

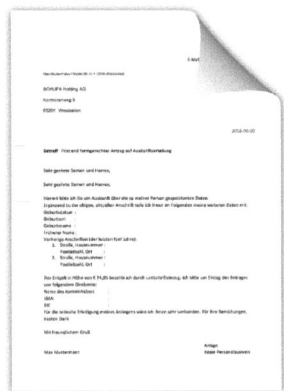

Diesen Musterbrief können Sie schnell und einfach über unseren Online-shop www.inops-solutions.de kaufen und sofort herunterladen.

Oder Sie beantragen die Eigenauskunft im Internet unter www.schufa.de. Die grundsätzliche Auskunft (Datenübersicht nach §34 BDSG) ist übrigens kostenlos. Damit können Sie einschätzen, welche Daten über Sie gespeichert sind.

Außerdem können Sie zu den einzelnen Eintragungen Stellung nehmen und sie ggf. löschen lassen.

Musterbrief 2: Löschungsantrag von Schufa-Daten

Musterbrief 3: Selbstauskunft bei Infoscore

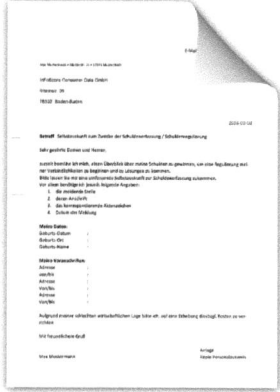

Diese Musterbriefe können Sie schnell und einfach über unseren Onlineshop www.inops-solutions.de kaufen und sofort herunterladen.

Umgang mit Forderungen

Eine Überschuldungssituation meistern Sie nur durch einen Masterplan. Dieser beinhaltet u. a. eine Aufstellung Ihres derzeitigen und zukünftigen Einkommens und die Minimierung Ihrer Ausgaben.

Wenn Sie es schaffen, weniger Geld auszugeben, haben Sie mehr finanziellen Spielraum. Dann können Sie mit Ihren Gläubigern langfristige Vereinbarungen zur Schuldentilgung treffen.

Zumindest einen Plan für die Rückzahlung der Schulden zu vereinbaren ist meist auch im Sinne der Gläubiger. Denn wenn Sie in Privatinsolvenz gehen müssten, würden diese noch weniger oder gar kein Geld von Ihnen erhalten. Näheres dazu ist Thema des E-Books „Zahlungsunfähig".

Sie brauchen also eine Zusammenstellung Ihrer gesamten Schulden. Dafür müssen Sie wissen, wer und wann mit Forderungen auf Sie zukommt. So lange Sie noch an dieser Zusammenstellung arbeiten, können Sie Zeit gewinnen, indem Sie mit den Institutionen das Gespräch suchen.
Falls Sie bereits mehrere Forderungen/Mahnungen vorliegen haben, sollten Sie also Ordnung und Klarheit hineinbringen.

Dafür sollten Sie sich an den oder die Gläubiger wenden. Sie haben einige Möglichkeiten, die Sie nutzen können und die im Folgenden aufgezählt werden. Mit dieser Art von offensiver Korrespondenz signalisieren Sie jedem Ihrer Gläubiger Ihren Willen, die Angelegenheit einvernehmlich zu lösen und Ihren Verpflichtungen nachzukommen. Dies ist ein geeignetes Vorgehen sowohl bei Krediten für Verbrauchsgüter als auch bei Bankkrediten.

Möglicherweise haben Sie den Überblick verloren, und/oder Ihre Akten geben nicht den aktuellen Stand der Dinge wieder. Sie haben immer die Möglichkeit, sich an den/die Gläubiger zu wenden und um eine aktuelle Aufstellung der Forderungen zu bitten.

Musterbrief 4: Anforderung einer
Forderungsaufstellung

Diesen Musterbrief können Sie schnell und einfach über unseren Onlineshop www.inops-solutions.de kaufen und sofort herunterladen.

Sie erhalten vom Gläubiger nicht nur eine aktuelle Aufstellung für Ihre Unterlagen, sondern sind auch in einem Dialog mit ihm. Das Gespräch zu suchen wird sich immer positiv auswirken.

Wenn Sie alle nötigen Unterlagen haben, bereiten Sie die aktuellen Forderungen auf. Dafür können Sie sich der Hilfsmittel aus dem E-Book **Verschuldung**, in der für Sie geeigneten Form, bedienen.

Um weiter mit dem Gläubiger im Dialog zu bleiben, obwohl Sie zurzeit nicht zahlen können, verwenden Sie den Musterbrief Forderung/Lösungsangebot.

 Musterbrief 5:   Forderung/Lösungsangebot

Diesen Musterbrief können Sie schnell und einfach über unseren Onlineshop www.inops-solutions.de kaufen und sofort herunterladen.

Auch die Bitte um eine Stundung kann von Nutzen sein. Wenn sich der Gläubiger darauf einlässt, haben Sie länger Zeit, um die Forderung zu begleichen. Sie können sich also Luft verschaffen.

Gleichzeitig signalisieren Sie dem Gläubiger, dass Sie die berechtigte Forderung begleichen werden, nur etwas mehr Zeit dafür benötigen.

 ## Musterbrief 6: Bitte um Stundung

Diesen Musterbrief können Sie schnell und einfach über unseren Onlineshop www.inops-solutions.de kaufen und sofort herunterladen.

Haben Sie bereits einen konkreten Vorschlag zur Ratenzahlung mit Stundung, den Sie auch umsetzten können, verwenden Sie den Musterbrief Ratenzahlungsvergleich.

Musterbrief 7: Ratenzahlungsvergleich

Diesen Musterbrief können Sie schnell und einfach über unseren Online-shop www.inops-solutions.de kaufen und sofort herunterladen.

Bei zu spät gezahlten Rechnungen und Raten fallen Gebühren und Zinsen an. Damit erhöhen sich die Forderungssummen immer weiter. Um auch hierbei eine offensive Haltung gegenüber Ihrem Gläubiger zu zeigen und weiter mit Ihm im Gespräch zu bleiben, bitten Sie ihn um Erlass von Zinsen und Gebühren.

Musterbrief 8: Antrag auf Erlass von Säumniszuschlägen aus Billigkeitsgründen

Diesen Musterbrief können Sie schnell und einfach über unseren Online-shop www.inops-solutions.de kaufen und sofort herunterladen.

Ein ähnliches Schreiben, aber mit dem Hintergrund, dass Sie auf absehbare Zeit nicht Ihren Verpflichtungen nachkommen können, können Sie dem Gläubiger zukommen lassen, damit sich die Forderungssummen nicht immer weiter erhöhen.

Musterbrief 9: Bitte um Verzicht auf Vollstreckungsmaßnahmen

Diesen Musterbrief können Sie schnell und einfach über unseren Online-shop www.inops-solutions.de kaufen und sofort herunterladen.

Sind Sie säumig gegen Ihren Strom- oder Gaslieferanten und es droht die Abschaltung von Strom oder Gas, nutzen Sie den folgenden Musterbrief. Damit unterbreiten Sie dem Lieferanten einen gütlichen Vorschlag und bleiben mit dem Lieferanten in Diskussion.

Musterbrief 10: Vorschlag an den Strom- oder Gaslieferanten

Diesen Musterbrief können Sie schnell und einfach über unseren Online-shop www.inops-solutions.de kaufen und sofort herunterladen.

Sollten Sie kein Girokonto haben und damit auch nicht am bargeldlosen Zahlungsverkehr teilnehmen können, verwenden Sie für den Antrag bzw. falls Sie eine Ablehnung erhalten haben die folgenden Musterbriefe. Ein ordentliches Girokonto, das Sie auch online von zuhause aus führen können, erleichtert Ihr Vorhaben, aus der Überschuldung herauszukommen.

Außerdem können Sie schneller reagieren und Sie haben zudem größtmögliche Klarheit über Ihre Ausgaben und Einnahmen.

Musterbrief 11: Antrag auf Eröffnung
eines Girokontos

Musterbrief 12: Widerspruch gegen die
Ablehnung eines Girokontos

Diese Musterbriefe können Sie schnell und einfach über unseren Onlineshop www.inops-solutions.de kaufen und sofort herunterladen.

Vollstreckungen, Amtsgerichtsbarkeit und Gerichtsvollzieher

Sie können nicht nur auf Ihre Gläubiger, sondern auch auf Amtsgerichte und Gerichtsvollzieher zugehen. Auch hier gibt es verschiedene Möglichkeiten, die Sie nutzen können und sollten.

In einer Überschuldungssituation sind Sie unter Umständen nicht mehr Herr Ihres eigenen Handelns und deshalb auf Einflussnahme und Unterstützung von außen angewiesen.

Um auch hier mit den Institutionen im Gespräch zu bleiben und Lösungswillen zu zeigen, stellen wir Ihnen verschiedene Musterbriefe zur Verfügung, mit denen Sie die Situation bessern können.

Sollten Sie nicht in der Lage sein, einen vollständigen Überblick über Ihre Schulden zu erlangen, bitten Sie das zuständige Amtsgericht um Unterstützung.

Musterbrief 13: Auskunft aus dem Schuldnerverzeich-
nis und den Vollstreckungsakten zum
Zwecke der Gläubigerermittlung

Diesen Musterbrief können Sie schnell und einfach über unseren Online-
shop www.inops-solutions.de kaufen und sofort herunterladen.

In einem weiteren Brief können Sie um Verzicht von Vollstreckungsmaßnah-
men bitten. Diesen können Sie entweder an das zuständige Amtsgericht, den
Gerichtsvollzieher oder direkt an Ihre Gläubiger richten.

Musterbrief 14: Bitte um Verzicht auf Vollstreckungsmaßnahmen

Diesen Musterbrief können Sie schnell und einfach über unseren Online-shop www.inops-solutions.de kaufen und sofort herunterladen.

Falls Sie krank sind und deshalb Ihren Verpflichtungen nicht nachkommen können: Melden Sie dies mit dem Musterbrief 15 dem Amtsgericht.

Musterbrief 15: Antrag auf Wiedereinsetzung in den vorherigen Stand

Diesen Musterbrief können Sie schnell und einfach über unseren Online-shop www.inops-solutions.de kaufen und sofort herunterladen.

Falls Sie einen oder mehrere Pfändungsbeschlüsse auf Ihr Gehalt erhalten haben und Ihr monatliches Einkommen deshalb nicht mehr für Ihren Lebensunterhalt reicht, sollten Sie gegenüber dem zuständigen Amtsgericht beantragen, dass der unpfändbare Anteil an Ihrem Einkommen erhöht wird.

Musterbrief 16: Anhebung des unpfändbaren Beitrags (mehrere Pfändungen)

Musterbrief 17: Anhebung des unpfändbaren Betrages (eine Pfändung)

Diese Musterbriefe können Sie schnell und einfach über unseren Onlineshop www.inops-solutions.de kaufen und sofort herunterladen.

Musterbrief 18: Anhebung des unpfändbaren Betrages zur höheren Auszahlung von Arbeitsentgeld bei Pfändung

Musterbrief 19: Berücksichtigung einer weiteren Unterhaltsverpflichtung

Diesen Musterbrief können Sie schnell und einfach über unseren Online-shop www.inops-solutions.de kaufen und sofort herunterladen.

Sollten Sie eine Räumungsklage erhalten haben und nicht so schnell wie nötig eine neue Wohnung finden, unterrichten Sie das Amtsgericht darüber.

 Musterbrief 20: Aufschub einer Räumungsklage mit Aussicht auf neuen Wohnraum

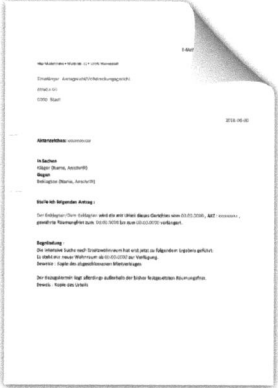

Diesen Musterbrief können Sie schnell und einfach über unseren Online-shop www.inops-solutions.de kaufen und sofort herunterladen.

Musterbrief 21: Aufschub einer Räumungsklage bei aussichtsloser Suche nach neuem Wohnraum

Diesen Musterbrief können Sie schnell und einfach über unseren Online-shop www.inops-solutions.de kaufen und sofort herunterladen.

Pfändungsschutzkonto

Das Pfändungsschutzkonto (P-Konto) ist ein Guthabenkonto, bei dem ein bestimmter monatlicher Betrag pfändungsfrei bleibt, über den der Kontoinhaber im Fall einer Kontopfändung verfügen kann.

Dieses Konto ist also selbst nicht pfändungsfrei, beinhaltet aber einen pfändungsfreien Grundfreibetrag. Damit kann der Kontoinhaber sein Existenzminimum sichern.

Wesentliche Voraussetzungen und Einrichtung eines P-Kontos:

1. Es muss eine Kontopfändung vorliegen.

2. Der Bankkunde beantragt bei seinem Kreditinstitut die Einrichtung eines Pfändungsschutzkontos. Das bestehende Girokonto wird dann nach vier Tagen umgewandelt.

3. Das Konto ist als Einzelkonto zu führen.

4. Das Konto besteht nur auf Guthabenbasis; das heißt, dass das Konto nicht überzogen werden kann.

5. Es darf pro Person nur ein P-Konto bestehen.

6. Eine Rückumstellung auf ein normales Girokonto ist möglich.

Für ein P-Konto darf das Kreditinstitut lediglich normale Gebühren erheben.

Wird das Guthaben auf einem P-Konto gepfändet, kann der Kontoinhaber bis zur Höhe des monatlichen Pfändungsfreibetrages frei verfügen. Falls Unterhaltsverpflichtungen bestehen, erhöht das Kreditinstitut, nach Vorlage eines entsprechenden Nachweises, den monatlichen Pfändungsfreibetrag.

Dieses Konto wird nicht gesperrt, sodass die dringenden Überweisungen weiterhin getätigt werden können. Wird das durch Pfändungsfreibetrag geschützte Konto in einem Monat nicht verbraucht, erhöht sich der Pfändungsfreibetrag des Folgemonats um diesen Übertrag.

Das P-Konto ist also im Falle einer Überschuldung ein rechtmäßiges und probates Mittel und den damit verbundenen Auswirkungen, um wenigstens das Existenzminimum zu sichern.

AKTUELLER HINWEIS:

Seit dem 18.06.2016 hat jedermann einen gesetzlichen Anspruch auf ein P-Konto.

ZUSAMMENFASSUNG

Was können Sie gegen eine Überschuldung tun?

Übersteigen die Zahlungsverpflichtungen und die daraus resultierenden regelmäßigen Raten das verfügbare Einkommen eines Schuldners permanent, allerdings bei abgesichertem Existenzminimum, spricht man von einer Überschuldung.

Im Falle einer Überschuldung können Sie Schritte ergreifen, damit es gar nicht erst zu einer ausweglosen Situation kommt.

Die folgenden Maßnahmen können und sollten Sie ergreifen:

3. Das immer noch wichtigste und am einfachsten anzuwendende Konzept heißt SPAREN.

- Es ist auf Dauer nicht möglich, mehr Geld auszugeben als einzunehmen!
- Es kann nicht gutgehen, ständig über Ihre Verhältnisse zu leben!
- Es ist unmöglich, ein Leben zu führen, das nicht dem Einkommen entspricht!
- Analysieren Sie also Ihre Ausgaben. Fragen Sie sich außerdem bei jedem Ausgabeposten, ob er wirklich notwendig und sinnvoll ist.

DAS E-BOOK **VERSCHULDET** ZEIGT VIELE WEGE, WIE SIE KONSEQUENT UND SYSTEMATISCH SPAREN KÖNNEN.

4. Sind alle Möglichkeiten auf der Ausgabenseite gründlich herausgearbeitet und setzen Sie diese auch konsequent um, sollten Sie versuchen, auch auf der Einnahmeseite Veränderungen zu erreichen – also zusätzliche Einnahmen schaffen. Das können zum Beispiel sein: ein Zweitjob und/oder weitere Familienangehörige wie die Ehefrau gehen (wieder) arbeiten.

WAS TUN!?

5. Wenn Ihr Einkommen dann trotzdem noch nicht ausreicht, um die monatlichen Belastungen sicherzustellen, haben Sie eine Vielzahl von Kommunikationsmöglichkeiten mit Ihren Gläubigern und anderen Institutionen. Dafür können Sie die Musterbriefe verwenden.

Bleiben Sie mit ihnen im Gespräch. Damit zeigen Sie, dass Sie Ihren Verpflichtungen nachkommen wollen, aber mehr Zeit brauchen, bis alle Ihre Maßnahmen greifen.

Dialog und Ehrlichkeit helfen, Ihre Gläubiger davon zu überzeugen, Sie nicht fallen zu lassen, sondern gemeinsam eine Strategie zu entwickeln und schließlich aus der Überschuldung zu finden. Dafür sollten Sie sich bewusst machen:

- Der Gläubiger will Ihnen helfen.

- Sie brauchen die Unterstützung des Gläubigers durch eine Verlängerung von Rückzahlungszeiten und gegebenenfalls Reduzierung von Rückzahlungsbeträgen.

- Ihre eingeleiteten Maßnahmen greifen und erhöhen Ihren monatlichen Spielraum.

Mit Systematik und größtmöglichen Klarheit können Sie sich selbst helfen und andere davon überzeugen, dass Sie es wert sind, dass man Ihnen hilft. Dann wird Ihnen im Gegenzug auch geholfen werden.

Doch es gilt auch:

> Enttäuschen Sie die Menschen, die Ihnen helfen wollen, nicht!

Erst, wenn Sie wirklich alles versucht und alle Möglichkeiten ausgeschöpft haben und kein zufriedenstellendes Ergebnis erreichen konnten, sollten Sie sich den Rat von professioneller Seite suchen und zum Beispiel zu einem Schuldenberater gehen.

Der Schuldenberater als Unterstützung bei Überschuldung

Suchen Sie eine Schuldenberatungsstelle auf, wenn Sie selbst keinen Weg mehr sehen, wie Sie Ihre Überschuldung dauerhaft abbauen können. Die Schuldenberatung durch öffentliche Träger ist in der Regel kostenlos, nur unabhängige Schuldnerberater verlangen für ihre Dienste Geld.

Wobei die Systematik des Wegs aus der Überschuldung die gleiche ist wie in den E-Books zum Thema Überschulung und Verschuldung dargestellt:

Zunächst wird versucht, Ihre Ausgabenseite zu reduzieren und Ihre Einnahmeseite zu erhöhen. Das Szenario lässt sich auch nicht anders angehen, denn das Leben besteht nun mal aus Ausgaben und Einnahmen, die in einem vernünftigen und passenden Verhältnis zueinander stehen müssen.

Sind diese Möglichkeiten durch den Schuldenberater ausgelotet, wird auch er mit den Gläubigern in Kontakt treten, um zu tragbaren Vereinbarungen zu kommen. Der Vorteil für Sie besteht darin, dass der Schuldenberater dies mit hoher Professionalität tun kann und damit größere Erfolgsmöglichkeiten haben wird. Andererseits müssen Sie – anders als beim Ansatz „Hilfe zur Selbsthilfe" – aus der Anonymität heraustreten, sehr offen sein und Ihr Leben vor einer anderen Person ausbreiten.

Aber Sie sehen, dass Sie diese Methodik auch allein anwenden können, wenn Sie es wollen und dabei diszipliniert und geduldig bleiben.

Dies ist ja auch das Prinzip, das wir Ihnen mit auf den Weg geben wollen: „Hilfen zur Selbsthilfe".

Sollten aber auch mit der Unterstützung eines Schuldenberaters alle Versuche scheitern, bleibt Ihnen nur noch der letzte Schritt: die Verbraucherinsolvenz.
Dazu erfahren Sie im E-Book „ZAHLUNGSUNFÄHIG" mehr. Dieses ist im Shop auf www.inops-solutions.de erhältlich.

Hierzu eine kurze Zusammenfassung:

Die als Privatinsolvenz bezeichnete Verbraucherinsolvenz ist der letzte Ausweg, eine dauerhafte Überschuldung rückgängig zu machen. Ein Privatinsolvenz-Verfahren wird beim zuständigen Amtsgericht beantragt. Unter strengsten Auflagen führt es das Verfahren der Insolvenz durch. Zunächst gilt eine so genannte „Wohlverhaltensphase", in der der Schuldner alles tun muss, um seine Schulden weiterhin zu reduzieren. Auf keinen Fall dürfen

neue Schulden hinzukommen. Werden alle Auflagen, die das Amtsgericht auferlegt erfüllt, so ist nach sechs Jahren die Entschuldung abgeschlossen. Wie immer man die Themen Verschuldung und Überschuldung betrachtet, eines ist klar, wie auch die aufgezeigten Wege deutlich zeigen: Das aktuelle Gebot der Stunde heißt SPAREN, SPAREN, SPAREN.

Zu guter Letzt
ein Beispiel zum Thema Überschuldung

Eine junge Frau hatte 22.000 Euro Schulden. Sie stand an dem Punkt in ihrem jungen Leben, an dem sie nicht wusste, wie es weitergehen und was sie tun sollte.

Sie hatte zwei Alternativen:

1. Aufgeben, gleichgültig handeln, das Handtuch werfen und in die Privatinsolvenz gehen.
2. Das Schicksal in die eigene Hand nehmen und sich durch konsequentes Sparen von der Schuldenlast befreien.

Sie entschied sich für die zweite Möglichkeit – und das mit großem Erfolg: In nur 15 Monaten schaffte sie es, die gesamten Schulden zu tilgen. Also eine wirklich beeindruckende Leistung.

Diesen Erfolg erreichte die junge Frau durch Selbstdisziplin, Willen und systematisches Arbeiten.

Ihr Schritte zum Erfolg:

1. Sparen bei Kleidung oder bei Lebensmitteln?
   Essen ist ein Grundbedürfnis. Hier hat sich die junge Frau erlaubt,
   etwas mehr Geld auszugeben als für Kleidung. Dabei war ihr aber sehr
   wichtig, das Geld so effektiv wie möglich auszugeben, wie die folgenden Punkte zeigen:

2. Lebensmittel kaufen, die länger haltbar sind oder sich gut einfrieren
   lassen.
   Ist der Kühlschrank leer oder sind die Vorräte aufgebraucht, ist die
   Versuchung groß, den Pizza-Lieferservice anzurufen. Die Dönerbude
   und das Restaurant um die Ecke sind eine ebenso große Versuchung.
   Um dieser Versuchung zu widerstehen, sorgte die junge Frau dafür,
   dass Grundnahrungsmittel und lang haltbare Lebensmittel immer im
   Hause waren. Außerdem achtete sie darauf, diese Grundlebensmittel
   möglichst günstig einzukaufen und Sonderangebote zu nutzen. Mit
   diesen Grundnahrungsmitteln und auch gefrorenem Obst, Gemüse
   und Fleisch war sie immer in der Lage, spontan ein gutes Gericht zu
   kochen – das war schnell und lecker. Außerdem kochte sie größere
   Portionen und fror die überzähligen Portionen für später ein.

3. No-Name-Produkte
   Neben teuren Markenprodukten gibt es qualitativ ähnliche No-Name-Produkte – besonders bei den Grundnahrungsmitteln. Auch Dis-
   counter bieten gute und günstige Produkte an. Grundsätzlich kaufte
   die junge Schuldnerin möglichst gezielt und überlegt ein.

4. Frühstücken

Es muss nicht immer das Morgenbrötchen sein, das jeden Tag frisch geholt wird – vielleicht sogar noch mit dem Auto. Haferbrei oder Müsli mit Obst und Joghurt sind Alternativen, die nicht nur der Gesundheit der jungen Frau gut taten, sondern auch ihrem Geldbeutel.

5. Exotische Produkte

Wenn die Schuldnerin zum Kochen exotische Produkte benötigte, ging sie zu einem türkischen, indischen, chinesischen, türkischen etc. Geschäft. Dort erhielt Sie diese Produkte günstiger und zudem oft frischer als im Supermarkt.

6. Kochen nach Rezepten

Ausgefallene Zutaten, die möglicherweise in kleinen Mengen oder nur einmal benötigt werden, mied sie – besonders Produkte, die es nur in großen Mengen gibt, nicht schnell verbraucht werden können und vielleicht sogar verderben.

7. Große Bevorratung

Große Mengen einzukaufen hört sich verlockend an. Wie die junge Schuldnerin aber aus eigener Erfahrung wusste, kann bei großer Bevorratung der Überblick verloren gehen und Geld nutzlos ausgegeben werden. Sie hielt sich stattdessen an eine Wochen-, längstens Monatsplanung für ihre Bevorratung.

8. Geburtstage

Die junge Frau ließ sich Gutscheine schenken, die sie zielorientiert einsetzte und damit Ausgaben sparte.

9. Saisonaler und regionaler Einkauf

Günstig ist es, den Einkauf auf regionale und saisonale Ware zu fokussieren und dabei den ortsansässigen Bauern nach bestimmten Produkten zu suchen. Bauern- oder Dorfläden sind eine gute, frische und preiswerte Alternative zum Supermarkt.

10. Bio-Produkte

„Muss es immer bio sein? Sind Bio-Produkte automatisch besser?",
fragte sich die junge Frau. Eins ist sicher – Bio-Produkte sind teurer!
Deshalb überlegte sie hier besonders gut, was sie kaufen wollte und
konnte.

Wie das Beispiel der jungen Schuldnerin zeigt, ist es erstaunlich, wie viel
man mit wohlüberlegtem Handeln sehr viel Geld sparen kann – und das
selbst in schwierigen Situationen.

Weitere Informationen und Angebote sind im
Online-Shop

www.inops-solutions.de

verfügbar und abrufbar.

ANHANG

Liste der Hilfsmittel

Stichwortregister